Karin Schmid

Entdecke Freude jeden Tag

KARIN SCHMID

Entdecke Freude jeden Tag

50 ermutigende Dates mit Gott

Das Nachfolgebuch von »Liebe dein Leben jeden Tag«

Grace today
VERLAG

Die Deutsche Nationalbibliothek verzeichnet diese Publikation in der Deutschen Nationalbibliografie; detaillierte bibliografische Daten sind im Internet über http://dnb.d-nb.de abrufbar.

Umschlaggestaltung: Peter Karliczek, www.j-k.de
Umschlagfoto: DocStein / photocase.de
Corporate Design: spoon design, Olaf Johannson
Lektorat: Gabriele Pässler, Sonja Yeo
Satz: Grace today Verlag
Digitaldruck: CPI – Clausen & Bosse, Leck
Printed in Germany
1. Auflage 2015

ISBN 978-3-943597-43-1, Bestellnummer 371743
Dieser Titel ist auch als E-Book erschienen.

www.gracetoday.de

Dieses Buch widme ich in Liebe meiner Familie!
Insbesondere meinen Geschwistern
Thomas, Dani und Mirjam.
Schön, dass es EUCH gibt!

ENTDECKE FREUDE JEDEN TAG

Echte Freude kultivieren

Fragst du dich manchmal auch, wie und wo du echte Freude erleben kannst? Fragst du dich, wo deine Freude geblieben ist?

Dieses Buch soll dir helfen, in 50 Schritten echte und anhaltende Freude zu finden. Es ist ein Schlüssel, um göttliche Freude und übernatürliche Begeisterung zu empfangen und sie dir bewusst zu machen. Das Buch soll dir auch helfen, Freudenkiller zu entlarven und sie in der Kraft Gottes zu überwinden.

Wie oft rennen wir durch unseren Alltag. Wir versuchen unseren Job zu erledigen, unsere Familie zu versorgen und genügend Geld für den Urlaub anzusparen. Sobald morgens der Wecker klingelt, sind wir in Eile und schaffen es gerade noch, rechtzeitig an den Arbeitsplatz zu kommen. Und wenn wir dann mal ein paar Minuten Ruhe haben können, fühlen wir uns niedergeschlagen und antriebslos und können sie nicht wirklich genießen. Oft vergessen wir einfach, eine kurze Zeit der geistlichen Besinnung oder des Gebets einzulegen; das gezielte Einplanen von inspirierenden und wohltuenden Momenten mit unserem Gott ist wieder einmal an der Hektik des Alltags gescheitert.

Echte und tiefe Freude ist allein in Gottes Gegenwart zu finden. Gottes Wort zu lesen und laut auszusprechen, das ist ein großartiges Privileg. Ein Privileg, das jeder Mensch jeden Tag haben kann – wir können Gottes Wort täglich in unser Leben hineinsprechen und damit Freude und Kraft tanken. Aus diesem Grund ist jede wenn auch noch so kurze, aber bewusste Begegnung mit Gott unglaublich kostbar.

Dieses Buch will dich zu einem täglichen kurzen Treffen mit Gott ermutigen. Entscheide dich dafür, jeden Tag Gottes Freude zu empfangen und zu sie dir bewusst zu machen. Schon beim bloßen Nachdenken über alles Gute, das Gott uns geschenkt hat, wird sich unser Herz mit Dankbarkeit füllen und wir werden glücklicher. In den letzten Monaten habe ich die Bibel von vorne bis hinten durchgelesen und nach Bibelstellen zum Thema Freude abgesucht. Auf dieser Suche habe ich wunderbare Textstellen gefunden, die uns helfen, bei Gott Freude zu tanken und sie uns bewusst zu machen.

Die Bibel erinnert uns daran, dankbar zu sein:

> *Jubelt dem Herrn zu, ihr Bewohner der Erde! Betet ihn voll Freude an. Dankt ihm und lobt seinen Namen. Denn der Herr ist gut. Seine Gnade hört niemals auf, und seine Treue gilt für immer.*
> *Aus Psalm 100 NLB*

Ich selbst war schon oft undankbar, weil ich immer auf das gesehen habe, was ich *nicht* hatte. Im Laufe meines Glaubenslebens lernte ich jedoch, mich sehr bewusst auf das Gute in meinem Leben zu fokussieren. Ich entdeckte die Möglichkeit, sich jeden Tag für die Freude zu entscheiden – und ich begriff tief in meinem Herzen, dass Gottes Gnade und seine Barmherzigkeit wirklich jeden Tag für mich da sind.

Jesus ist am Kreuz für uns Menschen gestorben, deshalb ist alle unsere Schuld bezahlt. Seine Gnade hört niemals auf. Wir sind durch Jesus Christus gerecht gesprochen worden. Genau diese Liebeserklärung gibt uns Leichtigkeit und füllt unser Herz mit einer tiefen Freude.

Für Menschen, die an Jesus Christus glauben, gibt es weder Anklage noch Verurteilung. Der Weg zu Gott ist komplett frei – das verdanken wir seinem Sohn. Gott lässt seine Kinder keinen Tag im Stich. Er ist beständig für sie da und drückt sie fest an sein liebendes Vaterherz.

Wenn ich morgens aufwache, dann wandern meine Gedanken zuerst zu Gott; ich danke ihm ganz kurz für mein Leben und dass seine Gegenwart an diesem neuen Tag mit mir ist. In diesem kostbaren Moment gebe ich alle meine Sorgen und Bitten an ihn ab – und ich glaube aus tiefstem Herzen, dass er sich darum kümmert.

Ich bin überzeugt, dass Gott den ganzen Tag am Werk ist und dass er meine Anliegen bearbeiten wird. Weil ich meine Sorgen losgelassen habe, rückt das Negative in den Hintergrund und ich kann mich trotz schwieriger Umstände wirklich freuen.

In diesen Momenten wird mir in der Tiefe meiner Seele bewusst: Egal wie der Tag verlaufen wird, Gott ist für mich und er ist mit mir! Gott weiß, was an diesem Tag auf mich zukommen wird – und er wird es so drehen, dass alles mir zum Besten dienen wird. Aus diesem Grund kann ich voller Zuversicht durch den Tag gehen. Das bringt Gelassenheit, Entspannung und große Freude in meinen Alltag.

Dankbare Menschen finden echte, tiefe Freude!

Kürzlich las ich das Buch *Komm in deine Bestimmung* von Maria Luise Prean-Bruni. Auch sie schreibt über die Freude, die durch dankbare Herzen erlebbar wird. In ihrem Buch findet sich ein Brief an Gott:

»Ich bin dankbar für

- *die Steuern, die ich zahle, weil das bedeutet, dass ich Arbeit und ein Einkommen habe.*
- *die Hose, die ein bisschen zu eng sitzt, weil das bedeutet, dass ich genug zu essen habe.*
- *das Durcheinander nach der Feier, das ich nun aufräumen muss, weil das bedeutet, dass ich von lieben Menschen umgeben war.*
- *den Rasen, der gemäht, und die Fenster, die geputzt werden müssen, weil das bedeutet, dass ich ein Zuhause habe.*
- *die laut vorgetragenen Beschwerden über die Regierung, weil das bedeutet, dass ich in einem freien Land lebe und das Recht auf freie Meinungsäußerung habe.*
- *die Parklücke ganz hinten am äußersten Ende des Parkplatzes, weil das bedeutet, dass ich mir ein Auto leisten kann.*
- *die Wäsche und den Bügelberg, weil das bedeutet, dass ich genug Kleider habe.*

- *die Müdigkeit und die schmerzenden Muskeln am Ende des Tages, weil das bedeutet, dass ich fähig bin, hart zu arbeiten.*
- *den Wecker, der morgens klingelt, weil das bedeutet, dass mir ein neuer Tag geschenkt wird.«*

Ich bin begeistert von diesem Brief, denn er zeigt, wie Dankbarkeit Kraft geben und jede Menge Freude bewirken kann. Ob wir Freude und Friede in unseren Herzen tragen (oder nicht), ist eine Frage unserer Blickrichtung. Darum möchte ich dich ermutigen, an jedem Tag aufs Neue dankbar zu sein. Trainiere Dankbarkeit, fang an, dich jeden Tag mit Gott zu treffen, und lass dich von ihm inspirieren. Gott hat täglich Überraschungen für dich bereit – kleinere und größere.

Ich wünsche dir mit diesem Buch viel Freude, die von oben kommt!

Love
Karin Schmid

Tag 1

Seid glücklich, dass ihr zu ihm, dem heiligen Gott, gehört! Ja, alle, die den Herrn suchen, sollen sich freuen!
1. Chronik 16,10

Sprich heute dieses Versprechen Gottes über deinem Leben aus:

Ich DEIN NAME *bin glücklich, weil ich zu der Familie Gottes gehöre. Und weil ich Gott suche, werde ich heute echte Freude finden.*

Du kannst nicht über alles, das geschieht, glücklich sein. Aber bei Gott findest du mit Sicherheit echte Freude. Hast du manchmal auch den Eindruck, dass deine Freude verloren gegangen ist? Es gibt Momente, da fühlen wir uns unglücklich und wir denken, wir seien nicht wirklich gut drauf. Allen Menschen, die an Gott glauben, steht aber jeden Tag eine tiefe und echte Freude zur Verfügung.

Wenn du Jesus in dein Leben eingeladen hast, gehörst du zur Familie Gottes und das heißt: Du bist ein geliebtes Kind in seiner Königsfamilie. Niemand kann dich aus Gottes Hand reißen, denn du bist sein Eigentum.

Wer Gott sucht, der wird Gutes finden. Deshalb möchte ich dich ermutigen: Suche heute Gottes Gegenwart und entdecke, dass Gott heute da ist und präsent ist. Als Einstieg kannst du mit Gott sprechen. Erzähle ihm von deinen Gefühlen und Gedanken.

Gott wird sich von dir finden lassen, er wird dir eine liebevolle Antwort geben und dich mit viel Freude beschenken – da bin ich ganz sicher. Gottes Geist lebt in dir und deswegen steht dir der Geist der Freude auch heute uneingeschränkt zur Verfügung. Gott segne dich!

Tag 2

Ein fröhlicher Mensch lebt gesund;
wer aber ständig niedergeschlagen ist,
wird krank und kraftlos. Sprüche 17,22

Sprich heute diese Wahrheit über deinem Leben aus:

Ich DEIN NAME *will heute das Positive in meinem Leben entdecken und in der Kraft Gottes glücklich sein.*

Entdecke heute das Gute in deinem Leben, denn fröhlich zu sein tut gut und ist gesund! Das Leben bringt so seine Schwierigkeiten mit sich. Es kann passieren, dass das, was wir täglich sehen und hören, die schlechten Nachrichten und schlimmen Geschehnisse auf dieser Welt uns echt niedergeschlagen machen.

Wer sich nicht bewusst davor schützt und sich in einen Schutzraum begibt, kann ganz schnell alle Energie verlieren und selbst schlecht gelaunt und negativ werden – und das führt zu Lustlosigkeit und kann sogar richtig krank machen.

Aus diesem Grund ermutige ich dich heute: Entscheide dich für die Freude! Orientiere dich heute bewusst an all dem Guten in deinem Leben. Es gibt so viel davon!

Werde dankbar. Schätze das, was du hast: deine Familie, dein Hab und Gut. Und erinnere dich an die Gnade, die du durch Jesus Christus empfangen hast. Die besten Tage liegen noch vor dir! Nichts kann dich von der Liebe Gottes trennen! Jeden Tag steht Gott an deiner Seite, in jeder Sekunde ist er bereit, dir zu helfen.

Deshalb sei fröhlich und genieße das Leben, das Gott dir in Christus geschenkt hat – er wird Gesundheit in dein Leben bringen.

Tag 3

Preist den Herrn, denn er ist gut, und seine Gnade hört niemals auf.
1. Chronik 16,34

Sprich heute diesen Bibelvers über deinem Leben aus:

Ich freue mich, denn Gottes Gnade für mich DEIN NAME *hört niemals auf. Mein Vater im Himmel ist immer für mich da, und ich werde für alle Ewigkeit mit ihm zusammen sein.*

Genieße Gottes Gnade und seine Gunst jeden Tag! Wie geht es dir heute in deiner Beziehung zu deinem himmlischen Vater? Weißt du, dass er dir nah ist? Oder empfindest du eher eine große Distanz zwischen dir und Gott?

Egal was geschehen ist, ganz gleich in welcher Situation du gerade bist, Gott bleibt immer derselbe. Seine Gunst für dich hat kein Ende. Gott liebt dich über alle Maßen und er dir streckt dir seine Hand entgegen, jeden Tag. Noch besser: Du bist in seiner Hand, und niemand kann dich von dort wegreißen.

Selbst wenn dir Fehler passiert sind: Jesus Christus hat längst dafür bezahlt, und er schenkt dir heute einen Neuanfang. Gott ist die Liebe in Person! Seine Liebe strahlt dir entgegen und durch Jesus Christus lebt sie in dir.

Auch wenn heute nicht alles so läuft, wie du es gerne hättest, vergiss nicht: Gott ist gut, und er ist gut *zu dir*. Er lässt dich niemals los!

Darum lass dich heute ermutigen und gib Gott die Ehre, empfange seine Gunst und lass seine Güte sich tief in deinem Herzen verankern. Du darfst mit Gottes Gunst in deinem Alltag rechnen und kannst heute Gottes Kraft in deinem Leben erfahren. Gott segne dich!

Tag 4

Lasst den Mut nicht sinken, denn die Freude am Herrn gibt euch Kraft!
Nehemia 8,10

Sprich heute diese Zusage über deinem Leben aus:

Heute werde ich DEIN NAME *nicht mutlos sein, denn die Freude an Gott gibt mir neue Kraft.*

Gottes Freude ist stärker als jede Entmutigung! Fühlst du dich manchmal mutlos, antriebslos oder bekümmert? Erinnere dich heute daran, was Gott dir schon Gutes geschenkt hat. Schreibe eine Liste mit den Wundern, die du bereits erlebt hast.

Oder denke darüber nach, wie groß Gott ist: Dein Vater im Himmel kann mit seiner hohlen Hand das Wasser aller Meere abmessen, er kennt die Anzahl der Haare auf deinem Kopf und er kann 5000 Menschen mit fünf Broten und zwei Fischen satt machen.

Gott ist keine »kleine Nummer«. Du glaubst an den König der Könige, und ihm gehört alle Macht im Himmel und auf der Erde. Gott kann Wunder tun. Er kann das Unmögliche plötzlich möglich machen. Er ist immer noch viel größer als du denkst.

Deshalb sei heute mutig und freue dich über die Größe deines Vaters im Himmel. Lege deine Mutlosigkeit und deine Entmutigung vor Gott ab und empfange von ihm Mut, Zuversicht und Freude. Erwarte heute einen göttlichen Kraftschub für deinen Alltag. Gott segne dich!

Tag 5

Der dein Leben erlöst aus der Grube, der dich krönt mit Gnade und Erbarmen. Der mit Gutem sättigt dein Leben. Deine Jugend erneuert sich wie bei einem Adler.

Psalm 103, 4–5 ELB

Sprich heute diese Wahrheit über deinem Leben aus:

Gott hat mich DEIN NAME *erlöst und er zieht mich aus dem Loch heraus. Er hat mir* DEIN NAME *eine Krone aufgesetzt, mein Leben ist überschrieben mit »Gnade und Erbarmen«. Er füllt mein Leben mit Gutem, und zwar randvoll. Er lässt mich jung und fit bleiben.*

Mit Gottes Kraft kannst du jede Hürde überwinden! Vielleicht stehst du gerade vor großen Herausforderungen oder du fühlst dich nicht wirklich entspannt. Heute möchte ich dich ermutigen, über Gottes Gnade nachzudenken. Selbst wenn du momentan in einem Loch steckst ... Gott wird dich herausziehen.

Für Gott ist keine Hürde zu groß. Er kümmert sich um dich und er krönt dich mit Gnade und Erbarmen. Stell dir vor, du bekommst eine Krone von dem König der Könige! Du bist ein Königskind – und genau deshalb bist du enorm kostbar und du kannst dich freuen.

Auch wenn du dich selbst in dieses Loch hineinmanövriert hast, nimmt Gott dich gnädig in seine Arme und drückt dich dermaßen fest an sein Herz, dass du sein Erbarmen tief in deinem Herzen spüren kannst.

Gott steht nicht mit erhobenem Zeigefinger vor dir, sondern schließt dich liebevoll in seine Arme. Die Bibel lehrt uns, dass Jesus alles neu macht. Deshalb wird Gott dich immer wieder durch seinen Geist erneuern, dich erfrischen und mit neuer Kraft ausrüsten. Er wünscht sich nichts mehr, als dein Leben mit Gutem zu versorgen. Gott gibt dir nicht nur eine Kleinigkeit, nein, er möchte dich sättigen und wirklich bis ins Tiefste deines Herzens mit Gutem beschenken. Gott segne dich!

Tag 6

Doch alle, die dir vertrauen,
werden sich freuen und dich loben,
denn bei dir sind sie geborgen.
Wer dich liebt, wird jubeln vor Freude.
Psalm 5,12

Sprich heute dieses Versprechen Gottes über deinem Leben aus:

Ich DEIN NAME *vertraue dir, denn bei dir bin ich geborgen. Ich liebe dich, Gott, und gebe dir die Ehre, deshalb werde ich heute Freude haben.*

Wer auf Gott vertraut, findet Geborgenheit und Entspannung! Wie denkst du heute über Gott? Kannst du ihm alle deine Lebensbereiche anvertrauen? Oder zweifelst du gerade an Gottes Güte für dich?

Gott möchte dir heute seine Geborgenheit und seine göttliche Sicherheit zeigen und wie fürsorglich er sich um dich kümmert. Er hat Gutes und Schönes für dich vorbereitet.

Lass dich heute ermutigen, deinem Gott vollständig zu vertrauen. Glaube an seine Kraft und an seine Fürsorge, die für dich persönlich bereitstehen. Gott möchte dich mit seinem Segen und seiner Gunst überschütten. Du kannst ihm vertrauen.

Lass dich heute voll und ganz in Gottes Hand fallen. Verlasse dich nicht auf deine eigene Kraft oder deine eigenen Ideen. Gott hat den perfekten Weg, die perfekte Idee und die perfekte Lösung für den heutigen Tag, deshalb überlass ihm das Steuer und folge seiner wunderbaren Führung. Ich bin überzeugt, dass du dabei glücklich wirst.

Tag 7

Ich aber vertraue auf deine Liebe und juble darüber, dass du mich retten wirst. Mit meinem Lied will ich dich loben, denn du hast mir Gutes getan. Psalm 13,6

Sprich heute diese Wahrheit über deinem Leben aus:

Ich DEIN NAME *freue mich jetzt schon, dass du, Gott, mir hilfst, und ich gebe dir schon jetzt die Ehre für alles, was du tun wirst.*

Das Vertrauen auf Gottes übernatürliche Kraft kann jede Situation zum Guten wenden! Gibt es in deinem Leben irgendwelche Herausforderungen? Oder steckst du schon seit Längerem in Schwierigkeiten? Gott ist dein Retter und er will seine Kraft in deinem Leben sichtbar machen.

Deshalb möchte ich dich heute ermutigen: Lobe Gott für seine Kraft und für seine Liebe zu dir. Gott hat dir immer wieder Gutes getan; genauso wird er dir auch in Zukunft Gutes tun.

Deshalb proklamiere heute Gottes Barmherzigkeit und seine Liebe in die sichtbare und unsichtbare Welt hinein. Danke deinem guten Gott mit einem Gebet oder einem Lied.

Du kannst Gott heute schon dafür Danke sagen, dass er in deinem Leben ein Wunder tun und dir zu Hilfe kommen wird. Juble über die Macht und Kraft, die dir heute durch deinen Gott zur Verfügung stehen. Gott stärke und segne dich!

Der verlorene Pass

Vor Kurzem war mein Mann mit unseren Mitarbeitern aus der Kirche auf einer zehntägigen Studienreise in den USA. Als Reisegruppe schauten sie sich verschiedene Kirchgemeinden an. Die meisten unserer Mitarbeiter haben Familie und Kinder; deshalb war ich nicht die Einzige, die als »Strohwitwe« in Deutschland zurückgeblieben war, während unsere Männer die warme Sonne Floridas genossen. Um uns die Zeit ein wenig zu verschönern, richteten wir uns im Internet einen Chat ein und unterhielten uns täglich über Freud und Leid des Strohwitwendaseins. Am vorletzten Tag der Reise waren unsere Zeilen mit emotionalen Worten gefüllt – nur noch wenige Stunden, und wir hatten unsere Männer wieder! Sehnsüchtig erwarteten wir ihre Rückkehr.

Außerdem war ich ziemlich aufgeregt, denn für den nächsten Sonntag war ein besonderer Gottesdienst geplant; als Gastredner war Ulrich Parzany eingeladen. Meine Aufgabe stand schon seit Wochen fest: Ich sollte meinen Mann am Flughafen abholen sodass wir danach direkt zum Gästegottesdienst fahren konnten, bei dem mein Mann mit Ulrich Parzany ein Interview führen sollte. Doch dann am letzten Tag klingelte bei mir das Telefon und mein Mann sagte mit zitternder Stimme: »Karin, mir wurde der Pass wurde geklaut, ich darf nicht nach Hause fliegen, deshalb musst du morgen den Gästegottesdienst betreuen!« Wir konnten am Telefon nur kurz reden, denn mein Mann Dan war mit der Polizei und dem Aufsuchen der Schweizer Botschaft beschäftigt.

Alle anderen Frauen konnten am Flughafen ihre Männer in ihre Arme schließen, nur ich war immer noch Strohwitwe und dazu vollauf beschäftigt mit den unerwarteten Vorbereitungen für den Gästegottesdienst. Das war echt ein Frust! Ich hatte mich doch so gefreut, dass mein Mann endlich wieder nach Hause kommen würde. Auch Dan hatte sich auf uns gefreut und eine persönliche Begegnung mit Ulrich Parzany hätte ihn so richtig glücklich gemacht. Doch plötzlich war diese Vorfreude verschwunden und die Situation war wirklich sehr ärgerlich.

In diesem Moment konnte ich mich entscheiden, mir entweder die Freude rauben zu lassen oder das Beste daraus zu machen. Ich hätte nämlich eigentlich ausrasten können; am liebsten hätte ich ein Jammerlied angestimmt.

In solchen Situationen können wir das Geschehene nicht mehr ändern. Dann ist es hilfreich, wenn man vorher die Grundsatzentscheidung getroffen hat, sich die Freude niemals rauben zu lassen, denn jede Situation kann auch positive Seiten haben. So hat sich Dan in Florida ein Cabrio gemietet und drei weitere Kirchen besucht, während ich zusammen mit meinen Kindern und meinen Eltern einen Tag mit Ulrich Parzany genossen habe. Alle waren glücklich!

Tag 8

Bittet ihn, und er wird es euch geben.
Dann wird eure Freude vollkommen sein.
Johannes 16,24

Sprich heute diesen Bibelvers über deinem Leben aus:

Ich DEIN NAME *bitte dich heute um bzw. für* MEIN ANLIEGEN *und ich vertraue darauf, dass du mir geben wirst, worum ich bitte.*

Lege deine Wünsche in Gottes Hand, denn bei Gott ist alles möglich! Hast du momentan irgendwelche Wünsche? Gott wartet auf dich! Er ist für deine Herzensanliegen bereit und er möchte, dass du deine Anliegen zu ihm bringst.

Wer nicht bittet, der wird auch nichts bekommen. Wer aber auch in Schwierigkeiten an Gottes Güte festhält und von ihm Gutes erwartet – denn dann fällt das Bitten leicht –, der wird Gottes Gunst erleben.

Deshalb ermutige ich dich: Bringe alle deine Schwierigkeiten in einem Gebet zu Gott und lasse sie bei ihm, auch wenn dir das vielleicht gerade schwerfällt. Bitte Gott um seine Hilfe.

Gib alles Schwierige, Unerfreuliche heute bei Gott ab und glaube, dass er sich auch heute darum kümmert.

Gott arbeitet schon längst im Hintergrund für dich. Er möchte dir Leichtigkeit schenken.

Deshalb gibt es heute für dich keinen Grund, unglücklich zu sein. Im Gegenteil – du darfst fröhlich sein, denn Gott ist gerade dabei, sich um deine Sorgen zu kümmern. Ich wünsche dir einen entspannten und fröhlichen Tag!

Tag 9

Auch ihr seid jetzt sehr traurig, aber ich werde euch wiedersehen. Dann werdet ihr froh und glücklich sein, und diese Freude kann euch niemand mehr nehmen.
Johannes 16,22

Sprich heute diese Verheißung über deinem Leben aus:

Ich DEIN NAME *habe eine ewige Freude in meinem Herzen, die mir niemand nehmen kann.*

Wirkliche, ewige Freude gehört allen Menschen, die an Jesus glauben! Was hat dich in der letzten Zeit traurig gemacht? Musstest du vielleicht von einem lieben Menschen Abschied nehmen? Oder gibt es Umstände, die dir das Leben schwer machen?

Gott sieht deine Traurigkeit. Er weiß, wie schwer deine Situation für dich ist und wie anstrengend manche Lebensmomente sein können.

Jesus will dir heute in deiner Traurigkeit begegnen und dir seinen Trost bringen. Er erinnert dich heute daran, dass dir schon jetzt – und über den Tod hinaus – im Himmel eine wunderbare Heimat zur Verfügung steht. Jesus erwartet dich dort und hat für dich eine großartige Wohnung vorbereitet.

Im Himmel gibt es keine Tränen und dort wirst du zusammen mit allen Menschen, die an Jesus glauben, voller ungetrübter Freude sein.

Genau diese Freude kann dir schon heute niemand nehmen. Du hast eine wunderbare Hoffnung und kannst Gott mit deiner Familie in Ewigkeit feiern. Deshalb empfange jetzt Gottes Trost und lass dich von Gott durch diesen Blick in den Himmel ermutigen. Du kannst dich freuen, denn diese Freude kann dir niemand wegnehmen!

Tag 10

Die Jünger aber waren erfüllt vom Heiligen Geist und voller Freude.
Apostelgeschichte 13,52

Sprich heute diese Wahrheit über deinem Leben aus:

Ich DEIN NAME *lasse mich jetzt vom Heiligen Geist und von Gottes Freude erfüllen.*

Halte fest an der Freude, die du von Gott hast, denn dein Herz ist bereits davon erfüllt! Sehnst du dich nach übernatürlichen Begegnungen mit Gott? Möchtest du heute von Gott überrascht werden? Gottes Geist wohnt bereits in dir und er will in deinem Leben wirken.

Deshalb möchte ich dich ermutigen: Als Kind Gottes erwarte den Heiligen Geist! Du kannst heute dem Heiligen Geist Raum machen, indem du ihm Beachtung schenkst. Lass dich heute von Gottes Geist und seiner Weisheit führen.

Ich bin überzeugt: Gottes Geist will dir heute zeigen, wo in deinem Leben seine Freude ist. Außerdem gibt es viele kleinere und größere Dinge, über die du dich heute freuen kannst. Empfange die Freude des Heiligen Geist durch ein Gebet, zum Beispiel so:

»Heiliger Geist, danke, dass du in mir wohnst. Ich danke dir für alles Gute, das du mir heute zeigen wirst. Danke, dass du jede Ecke meines Herzens erfüllst und zu mir sprichst. Ich empfange deine Freude, denn du bist Freude in Person. Im Namen Jesu, Amen.«

Ich bin überzeugt: Deine Mitmenschen werden heute in dir Freude wahrnehmen!

Tag 11

An deinem Altar will ich dich anbeten, will mich über dich freuen und dir zujubeln. Dankbar spiele ich dir auf der Zither, dir, meinem Gott!
Psalm 43,3

Sprich heute diesen Bibelvers über deinem Leben aus:

Ich DEIN NAME *knie jetzt vor dir nieder und bete dich, Gott, an. Ich freue mich über dich und bin dankbar für alles Gute, das du mir gibst.*

Gott wohnt in der Anbetung, er erfüllt das Herz mit großartiger Freude und schenkt Geborgenheit!

Egal wie es dir heute geht, du hast die Chance, den König der Könige anzubeten. Dein Gott bleibt immer derselbe und seine Gegenwart ist heute für dich da.

Lass mich dich ermutigen, ihn anzubeten. Gott wohnt in der Anbetung seines Volkes. Wann immer du Gott anbetest und dich an ihm freust, wird sich Freude in deinem Herzen ausbreiten.

Gott genießt es, angebetet werden. Und du hast allen Grund dazu, denn durch Jesus Christus bist du gerecht gesprochen und Gottes Kind. Dein Vater ist immer für dich da und hat dein Bestes im Sinn.

Selbst wenn du dich heute vielleicht nicht so gut fühlst: Bete Gott trotzdem vertrauensvoll an und schütte ihm dein Herz aus. Schau auf Gott, lege alle deine Sorgen bei Jesus am Kreuz ab und lass sie hinter dir. Dein Vater im Himmel will und kann jede Situation zum Positiven wenden.

Richte deinen Blick auf deinen starken Gott und freue dich an ihm. Gott segne dich!

Tag 12

Ein freundlicher Blick erfreut jeden,
und eine gute Nachricht gibt neue Kraft.
Sprüche 15,30

Sprich heute diese Wahrheit über deinem Leben aus:

In der Kraft Gottes werde ich DEIN NAME *heute freundliche Blicke verschenken und gute Nachrichten verbreiten.*

Schön, dass es dich gibt! Wie schön ist es doch, wenn wir eine gute Nachricht erhalten: Eine bestandene Prüfung, die Geburt eines Kindes oder ein besonderes Dankeschön für gute Arbeit lassen unser Herz höher schlagen.

Du hast heute die Chance, ein freundliches Lächeln und eine gute Nachricht weiterzugeben. Ich ermutige dich: Dein Lächeln kann anderen Menschen Freude bringen.

Die beste Nachricht ist Jesus Christus selbst. Es gibt viele Menschen, die die Liebe und die Kraft Jesu noch nicht kennen. Deshalb hast du das Vorrecht, Gottes gute Nachricht an andere Menschen weiterzugeben.

Du bist Gottes Vertreter auf dieser Erde und seine Gnade befähigt dich, die frohe Botschaft von Jesus anderen Menschen weiterzusagen. Deine Freunde können durch dich Gottes Kraft erfahren. Lass dich darin vom Heiligen Geist und seiner Liebe leiten. Gott segne dich!

Tag 13

Der Herr, euer Gott, ist in eurer Mitte; er ist stark und hilft euch! Von ganzem Herzen freut er sich über euch. Weil er euch liebt, redet er nicht länger über eure Schuld. Ja, er jubelt, wenn er an euch denkt!
Zefanja 3,17

Sprich heute diese Zusage über deinem Leben aus:

Gott freut sich riesig, wenn er an mich DEIN NAME *denkt!*

Gott ist so begeistert, wenn er an dich denkt! Wie oft kreisen in unserem Kopf doch negative Gedanken über uns selbst. Es kann schnell passieren, dass wir an uns zweifeln oder von uns selbst gering denken. Wir jubeln, wenn wir Weltmeister werden, aber sonst hält sich die Begeisterung über uns selbst eher in Grenzen.

Gott aber sieht das ganz anders. Er ist fasziniert von dir als Persönlichkeit. Er schätzt dich und er jubelt sogar, wenn er an dich denkt. Ja, genau, wenn er an *dich* denkt! Und weißt du was? Gott denkt ständig an dich und deshalb ist er auch jederzeit von dir begeistert. Und deine Fehler? Gott selbst hat deine Schuld bezahlt – durch Jesus Christus! Somit steht nichts mehr zwischen dir und Gott. Er mag dich wirklich sehr!

Gott sieht auch das Potenzial, das in dir steckt – und er hat noch richtig Geniales mit dir vor. Deshalb jubelt er über dein Leben. Lass dich ermutigen, diese Liebeserklärung anzunehmen und deswegen heute in fröhlich durch den Tag zu gehen.

Tag 14

Immer bin ich meinem Gott dankbar,
wenn ich an euch denke,
und das tue ich in jedem meiner Gebete
mit großer Freude.
Philipper 1,3-4

Sprich heute dieses Bibelwort über deinem Leben aus:

Ich DEIN NAME *bin dankbar für* MEINE MITMENSCHEN.
Deshalb bitte ich dich, Gott, mit dankbarem Herzen
für DIE MENSCHEN, DIE DIR AM HERZEN LIEGEN.

Entdecke jeden Tag etwas, wofür du dankbar sein kannst!
Wie oft denken wir gerade nur dann an Gott, wenn wir etwas von ihm brauchen. Sobald wir in Not sind, schreien wir: »Bitte, Gott, hilf mir!«

Die Bibel lehrt uns jedoch, auch einfach mal dankbar zu sein. Gott hat kostbare Menschen an deine Seite gestellt. Deshalb möchte ich dich ermutigen, darüber nachzudenken. Schenke heute den Menschen in deinem Umfeld besondere Beachtung.

Danke Gott, dass er seine Güte und seine Kraft *für* dich einsetzt. Danke ihm, dass Jesus für alles bezahlt hat und dass er gute Pläne für dich hat. Danke ihm für dein Leben, für deine Fähigkeiten, deine Wohnung, deinen Job und besonders für deine kostbaren Beziehungen zu Menschen.

Mit Sicherheit gibt es auch in deinem Leben viele Pluspunkte. Du wirst merken, dass du reich beschenkt bist, und diese Erkenntnis wird in deinem Herzen Freude aufsteigen lassen. Dankbare Menschen können sich aus tiefstem Herzen freuen, weil sie ihren Blick darauf richten, was Jesus für sie getan hat und was Gott für sie vorbereitet hat.

Diese Dankbarkeit hilft dir dann, von Jesus noch mehr zu erwarten (das nennt man auch »Glauben«) – das Bitten fällt noch leichter. Ich bin überzeugt, dass ein solches Gebetsleben Leichtigkeit und tiefe Freude in deinen Alltag bringt. Gott segne dich!

Überrascht im Supermarkt

Kürzlich war ich zum Einkaufen in einem Supermarkt. Müde von der Arbeit und in Gedanken versunken stellte ich mich an der Kasse an. Ich hatte einen hektischen Arbeitsmorgen in der Arztpraxis hinter mir und zu Hause würde ich gleich Mittagessen kochen und meine Kinder versorgen müssen. Dazu war ich auch leicht genervt, weil es an der Kasse nicht gerade flott vorwärts ging. Doch dann drehte sich der Mann vor mir plötzlich um und sagte klar und deutlich: »Ich werde ihren gesamten Einkauf bezahlen!« Ich war total überrascht und antwortete sofort: »Nein, nein, das können Sie doch nicht machen!« Doch schon waren meine Lebensmittel über den Scanner gewandert und mein gesamter Einkauf von dem jungen Mann bezahlt worden. Ich war richtig verblüfft und stand mit offenem Mund da. Ich schaute dem Mann in die Augen sagte: »Sie müssen an Gott glauben!« Er lächelte: »Ja, ich glaube an Gott. Ich gehe in eine Kirche und ich liebe es, wenn ich Menschen segnen kann!« Dankbar erwiderte ich: »Sie sind heute eine großartige Ermutigung für mich, vielen Dank!«

Genau so ist Gottes Gnade. Der Vater im Himmel beschenkt dich täglich mit seiner Gnade und Freude. Er hat dich durch Jesus Christus bereits reich beschenkt. Du kannst dich freuen, denn du kennst einen großzügigen Gott, der alles für dich bezahlt hat.

In dem Supermarkt haben sich am Ende alle gefreut: Der Unbekannte war glücklich, ich selbst freute mich riesig und sogar die Frau an der Kasse strahlte über das ganze Gesicht. Wer Freude verschenkt, wird selbst glücklich.

Tag 15

Glücklich sind alle, die sich an seine Weisungen halten und ihm von ganzem Herzen dienen. Psalm 119,2

Sprich heute diese Verheißung über deinem Leben aus:

Ich DEIN NAME *bin glücklich, denn ich lasse mich von Gottes Geist leiten und ich tue heute, was Gott für mich vorbereitet hat.*

Lebensfreude findet sich in der Beziehung mit Gott! Manchmal frage ich mich wirklich, warum manche Christen in einer so miesen Stimmung durch das Leben gehen. Denn Gott hat das wirklich nicht so geplant. Seine Idee ist, dass Christen durch seinen Geist zu einem fröhlichen Lebensstil gelangen und dass sie tiefe Erfüllung finden, wenn sie ihre Talente einsetzen.

In der Bibel gibt Gott eine Menge geniale Hinweise, wie man ein gutes Leben führen kann. Dabei handelt es sich nicht um Gesetze und Forderungen mit erhobenem Zeigefinger, die eingehalten und erfüllt werden müssten. Es geht vielmehr darum, aus der Liebesbeziehung zu Gott heraus das Gute zu tun.

Lass dich heute ermutigen: Mache dir bewusst, dass Jesus Christus am Kreuz schon alles für dich bezahlt hat. Du musst nichts mehr leisten, um Gott zu gefallen und in seiner Gegenwart zu leben.

Und *weil* du diese Gnade von Jesus Christus empfangen hast, kannst du heute *aus Gottes Liebe heraus* das Gute tun. Die Bibel lehrt uns, Gott und unseren Nächsten zu lieben. Genau dies können wir entspannt und voller Freude tun, wenn wir die Gnade Gottes wirklich verstanden und für uns persönlich angenommen haben.

Gott sucht bei dir keine perfekte Leistung. Er sehnt sich aber danach, dass du ihm dein Herz schenkst und glaubst, dass seine Gnade dich zu einem neuen Menschen gemacht hat. Denn daraus kommt ein geistgeleitetes Leben, das Gottes Frucht bringt. Gott segne dich!

Tag 16

Glücklich sind die Friedfertigen, denn sie werden die ganze Erde besitzen.
Matthäus 5,5

Sprich heute dieses Versprechen über deinem Leben aus:

Ich DEIN NAME *bin zutiefst glücklich, denn ich habe Frieden mit Gott. Ich kann heute in jeder Situation diesen Frieden entdecken.*

Lege deine Hand in Gottes Friedenshand und erlebe, was Gott aus deinem Leben Kostbares macht! Wie schnell lassen wir uns doch in einen Streit hineinziehen. Spannungen und Auseinandersetzungen in der Familie, am Arbeitsplatz oder mit einem Nachbarn können uns sehr schnell emotional in die Tiefe reißen. Streit ist eine enorme Belastung und löst Stress und eine Menge an unangenehmen Gefühlen aus.

In solchen Situationen stehen wir in der Gefahr, den Blick nur auf uns selbst zu richten und in tiefes Selbstmitleid zu versinken. Dabei hat Gott für jede Konfliktsituation eine Lösung bereit:

Er selbst hat durch Jesus Christus Frieden geschaffen – Frieden *mit dir.* Durch Jesu Erlösungswerk, durch seinen Tod am Kreuz hast du Vergebung für alle deine

Schuld; deine Beziehung zu Gott ist dadurch komplett in Ordnung. Und dies nur weil Gott ein gnädiger Vater ist.

Deshalb möchte ich dich ermutigen, auch mit deinen Konfliktpartnern gnädig zu sein. Mache dir bewusst, dass du Frieden mit Gott hast und du deshalb den Streit mit anderen loslassen kannst. Dabei bist du nicht verantwortlich dafür, wie dein Gegenüber reagiert. Aber du wirst mit Sicherheit deine innere Freude zurückgewinnen und kannst in Freiheit weitergehen.

Tag 17

Glücklich sind die, die nach Gerechtigkeit hungern und dürsten, denn sie sollen satt werden.
Matthäus 5,6

Sprich heute diese Wahrheit über deinem Leben aus:

Ich DEIN NAME *werde mich heute für Gerechtigkeit einsetzen, weil Gott mich sättigt.*

Wer sich um Benachteiligte kümmert, wird überreich gesegnet werden! Wie denkst du über Armut, Verfolgung, Gewalt und Mobbing? Wie oft verschließen wir doch unsere Augen vor der Ungerechtigkeit auf dieser Welt.

Damit meine ich nicht nur den schrecklichen Zustand, dass in Afrika Kinder hungern und verhungern. Ich denke dabei auch an unser unmittelbares Umfeld. Gewalt mit Worten oder Mobbing am Arbeitsplatz gehören leider zur Tagesordnung.

Deshalb ermutige ich dich heute: Mach deine Augen und Ohren auf. Entdecke benachteiligte Menschen in deinem Umfeld, in deiner Familie oder an deinem Arbeitsplatz. Du kannst zur rechten Zeit ein gutes Wort einlegen oder eine gute Tat vollbringen und dadurch Ungerechtigkeit aufdecken, entlarven und aufheben.

Ich möchte dich motivieren, dich nach Gerechtigkeit zu sehnen und Menschen gut zu behandeln. So spiegelst du Gottes Charakter auf diesem Planeten wider. Gleichzeitig verspricht dir Gott, auch dich zu sättigen. Gott segne dich!

Tag 18

Glücklich sind, die ein reines Herz haben, denn sie werden Gott sehen.
Matthäus 5,8

Sprich heute diese Zusage über deinem Leben aus:

Ich DEIN NAME *bin glücklich, denn egal was in meinem Leben noch geschehen wird: Ich habe Frieden mit Gott gefunden und ich werde mein Leben jetzt und nach dem Tod bei ihm verbringen.*

Genieße deinen Sieg durch Jesus Christus! Manchmal sind wir so sehr mit unserem Alltag beschäftigt, dass wir vergessen, dass jeder von uns eines Tages diese Erde verlassen wird. Die große Frage ist: Was kommt danach? Werden wir Gott erst dann begegnen oder können wir ihn gar heute schon sehen?

In der Bibel erfahren wir, wie Jesus Christus als Retter und Erlöser auf diese Erde kam. Jeder Mensch, der Jesus als Retter annimmt, bekommt ein reines Herz. Das bedeutet, die Beziehung zum Vater im Himmel ist wieder komplett hergestellt. Du hast damit die Chance, Gott zu begegnen und ihn zu sehen. Deshalb ermutige ich dich heute, eine Begegnung mit Gott zu erwarten. Der liebende Vater im Himmel möchte sich dir sichtbar zeigen. Deshalb halte heute Ausschau nach Gottes Gegenwart. Gott zeigt sich dir durch sein Wort, die Natur, das Gebet, eine Vision oder auch durch Menschen. Ebenso kannst du Gottes Charakter durch Jesus Christus erkennen. Und die größte Vorfreude ist die Gewissheit, dass wir im Himmel Gott von Angesicht zu Angesicht sehen können, ohne jede Einschränkung. Lass dich ermutigen und verankere heute diese wunderbare Gewissheit in deinem Herzen. Freue dich über dein derzeitiges Leben und deine Zukunft und lass dir diese Freude nicht rauben. Gott segne dich!

Tag 19

Du zeigst mir den Weg, der zum Leben führt. Du beschenkst mich mit Freude, denn du bist bei mir. Ich kann mein Glück nicht fassen, nie hört es auf.
Psalm 16,11

Sprich heute diese Wahrheit über deinem Leben aus:

Ich freue mich, denn Gott zeigt mir DEIN NAME *den besten Weg für meine Situation.*

Gott ist ständig an deiner Seite und er zeigt dir den Weg zu einem guten Ziel! Es gibt Lebenssituationen, da können wir vor lauter Bäumen den Wald nicht mehr sehen. Oder geht es dir manchmal auch so: Du hast den Blick fürs Ganze verloren, fühlst dich eingeengt oder ausgetrocknet?

Gott ist wie ein Wegweiser auf deinem Lebensweg. Er hat den besten Plan für dein Leben, und er hat alles optimal vorbereitet. Er kennt den Weg, auf dem du Erfolg haben wirst.

Gott ist niemals daran interessiert, dass es dir schlecht geht. Er möchte das Beste für dich und er will dich immer wieder mit Lebensfreude erfrischen. Deshalb möchte ich dich ermutigen, seinen guten Plan zu erforschen und vertrauensvoll entsprechende Entscheidungen zu treffen.

Vielleicht fühlt sich dein Leben gerade schwierig an. Aber halte daran fest, dass Gott Gutes mit dir vorhat und dass seine Möglichkeiten weit über das hinausgehen, was wir uns vorstellen können. Er kann alles ersetzen, was uns jemals genommen wurde.

Gott möchte dich heute überraschen und mit erfrischender Freude beschenken. Erinnere dich an seine Fürsorge, die auch dir persönlich gilt. Gott ist bei dir, er trägt dich und er wird niemals – und damit meine ich wirklich niemals – aufhören, dich zu lieben und an deiner Seite zu sein.

Tag 20

Wenn er dich aus der Not befreit hat, werden wir vor Freude jubeln, Fahnen hissen und Gott preisen. Der Herr erfülle alle deine Bitten! Psalm 20,6

Sprich heute diesen Bibelvers über deinem Leben aus:

Gott selbst wird mir DEIN NAME *meine Bitten für* DEINE SITUATION *erfüllen – und das werde ich so richtig feiern.*

Gut zu wissen, dass Gott schon heute meine Bitte erfüllen kann! Was ist deine heutige Bitte an Gott? Vielleicht brauchst du dringend eine Lösung für Herausforderungen in deiner Firma oder eine Idee, wie du gewisse Situationen in der Familie bewältigen kannst.

Dein Vater im Himmel ist echt kreativ. Er sieht das Ganze von oben und er ist total entspannt. Er weiß, was er mit dir vorhat. Für ihn gibt es nichts Schöneres, als deine Bitten zu erfüllen. Er kümmert sich täglich um deine Herausforderungen.

Darum besprich deine Hürden mit Gott. Gib ihm die Chance, heute ein Wunder zu tun. Egal ob es kleine Dinge sind (wie einen Babysitter zu finden) oder große (wenn du für deine Präsentation oder ein Seminar Ideen brauchst): Gott hat einen dicken Ideenkatalog, der dir zur Verfügung steht. Es ist ihm eine Ehre, dich aus der Not zu befreien, indem er dir den entscheidenden Gedanken schenkt. Öffne deine Gedanken für Gottes Ideen und heiße sie willkommen!

Vielleicht wird Gott nicht genau so handeln, wie du es dir vorgestellt hast. Aber was er tut, ist auf jeden Fall sehr gut für dich. Darauf kannst du dich verlassen!

Wenn das Wunder eingetroffen ist, dann lass es so richtig krachen und mache eine kleine Feier. Die Fahne zu hissen ist ein Zeichen des Sieges und des Landeinnehmens. Deshalb genieße heute den Sieg, der dir durch Jesus Christus immer gehört.

Tag 21

Glücklich ist, wer sich für die Schwachen einsetzt! Wenn ihn ein Unglück trifft, dann hilft der Herr ihm wieder heraus.
Psalm 41,2

Sprich heute dieses Bibelwort über deinem Leben aus:

Ich DEIN NAME *werde heute meinen Blick auf benachteiligte Menschen richten!*

Armen Menschen wohlzutun bringt Freude! Jesus selbst hat sich immer wieder um die benachteiligten Menschen gekümmert. Er blieb stehen und schenkte Blinden, Kranken und ausgestoßenen Menschen seine volle Aufmerksamkeit. Jesu Herz schlägt für benachteiligte Menschen. Pausenlos.

Deshalb lass dich heute ermutigen, deinen Blick auf benachteiligte Menschen zu richten. Jesus sagt uns sogar: »Was ihr einem meiner geringsten Brüder getan habt, das habt ihr mir getan.« Jesus spürt und erlebt es selbst, wenn du dich um gering geachtete Menschen kümmerst. Alles, was du auf dieser Erde Gutes tust, das tust du für Jesus.

Vielleicht möchtest du überlegen, wie, wo und wann du heute helfen könntest. Vielleicht denkst du jetzt gerade, dass du doch eigentlich selbst Hilfe brauchen könntest. Denke daran: Du bist nicht dafür verantwortlich, was andere tun.

Ich möchte dich ermutigen: Tue Gutes und vertraue auf Gott, denn seine Hilfe ist dir gewiss. Er hat dich bereits überreich gesegnet und dein Herz mit echter Freude erfüllt und das kannst du weitergeben. Gott segne dich!

Bewahrt in einem kleinen Korb

Vor ein paar Jahren erzählte mir meine Freundin Sophal ihre Lebensgeschichte. Uns verbinden derselbe Jahrgang, ähnliche Erlebnisse in der Jungschar sowie eine große Leidenschaft für Jesus. Sophal wurde in Kambodscha geboren. Zur Zeit ihrer Geburt waren die politischen Verhältnisse sehr schwierig – der damalige Bürgerkrieg kostete rund einem Drittel der Bevölkerung das Leben. Die kleine Sophal wurde als Neugeborenes vor einem Krankenhaus ausgesetzt. Verlassen und allein lag sie in ihrem Körbchen – wie lange, das weiß niemand –, bis sie von einer Krankenschwester aus der Schweiz gefunden wurde. Kein Mensch weit und breit kannte dieses Kind. Verzweifelt suchte die Krankenschwester auf den Märkten dieser Stadt nach den Eltern des kleinen Mädchens, aber sie konnte niemanden finden, dem dieses Kind gehörte. So nahm die junge Schweizerin die kleine Sophal zu sich ins Haus und versorgte das zarte Baby mit allem Nötigen. Ein paar Monate später wurden in der Schweiz Pflegeeltern für sie gefunden. Wie durch ein Wunder konnte Sophal also in der Schweiz zur Schule gehen und Jesus Christus kennenlernen.

Heute ist Sophal verheiratet und hat zwei Kinder. Ihr Herz ist erfüllt mit unermesslicher Liebe für benachteiligte Menschen. Aus diesem Grund ist sie vor einiger Zeit nach Kambodscha zurückgegangen. Dort baut sie jetzt zusammen mit ihrem Mann eine Kirchgemeinde auf und versorgt viele Menschen mit humanitärer Hilfe. Freudestrahlend hat sie mir vor ein paar Monaten erzählt, wie sie Kindern und auch Erwachsenen von der Liebe Jesu Christi erzählen kann. Sie erlebt, wie Menschen Gott finden und körperliche Heilung erfahren. Sophal hat am eigenen Leibe Gottes Liebe und Bewahrung erlebt. Heute ist sie sich nicht zu schade, unter schwierigsten Umständen Gottes Freude und Liebe weiterzugeben. Gott hat diese Frau in einem Korb sorgsam bewahrt und sie in die Schweiz getragen; dort hat er ihr eine wunderbare Familie zur Seite gestellt. Inzwischen hat Gott diese Familie wieder zurück nach Kambodscha geführt, um dort die Freude Gottes zu verbreiten.

Manchmal können wir Gottes Wege nicht verstehen, aber wir dürfen uns freuen, denn Gottes Pläne sind perfekt! Gott kann aus jeder Schwierigkeit etwas sehr Schönes machen! Das begeistert mich.

Tag 22

Freut euch mit den Fröhlichen!
Weint aber auch mit den Trauernden!
Römer 12,15

Sprich heute diesen Vers über deinem Leben aus:

Ich DEIN NAME *entscheide mich heute, mich über die Erfolge anderer Menschen zu freuen und für traurige Menschen da zu sein.*

Freud und Leid zu teilen ist eine Kunst. Warum können wir uns manchmal gar nicht so richtig freuen, wenn andere uns erzählen, wie sie zu Erfolg gekommen sind? Warum nervt es uns oftmals, wenn andere Menschen mehr Glück oder Erfolg haben und mehr Segen empfangen als wir?

Jesus fordert uns auf, uns darüber zu freuen. Deshalb ermutige ich dich heute, neidische Gedanken aus deinem Leben zu verbannen. Entscheide dich heute, dich über den Erfolg deiner Mitmenschen zu freuen und genauso über all das Gute in deinem eigenen Leben. Ich bin überzeugt: Dies wird in deinem Leben eine große Freude bewirken.

Jesus sagt das nicht einfach so; er weiß, welche Stärke in dieser Freude verborgen liegt. Menschen, die anderer Freud und Leid teilen können, strahlen Frieden und Ruhe aus. Denn solche Menschen werden nicht länger von Neid, Missgunst oder Gleichgültigkeit gesteuert. Ihr Herz wird von der Liebe Gottes bestimmt – und genau das hat eine unvorstellbar segensreiche Auswirkung. Gott segne dich!

Tag 23

Glücklich der Mensch, der weise und urteilsfähig geworden ist! Sprüche 3,13

Sprich heute dieses Bibelwort über deinem Leben aus:

Vater, ich DEIN NAME *bitte dich, erfülle mich heute mit dem Geist der Weisheit!*

Gottes Weisheit bringt große Freude in dein Leben! Denn wie schwierig ist es doch manchmal, die richtige Entscheidung zu treffen oder das Richtige zu sagen. Kennst du auch solche Momente, in denen dir der Durchblick, der Weitblick oder der Einblick fehlt?

Gott selbst hat unendlich große Weisheit. Er ist allwissend und allmächtig. Er sieht jede Bewegung auf dieser Erde und er weiß über deine Zukunft genauestens Bescheid. Aus diesem Grund gibt es nichts Besseres, als von dieser göttlichen Weisheit zu empfangen. Gottes Geist der Weisheit steht dir zur Verfügung!

Deshalb möchte ich dich ermutigen, dir heute die göttliche Weisheit in dir bewusst zu machen: die Weisheit, die Gott in dich hineingelegt hat, weil er selbst mit seiner ganzen Fülle in dir lebt. Ich bin überzeugt, dass Gott dir neue Wege offenbaren und gute Gedanken und Ideen geben wird.

Glaube, dass Gott dich leiten will. Empfange heute Weisheit für deine Familie, dein Reden, deine Arbeitssituation, deine Beziehungsprobleme oder deine Wohnungssuche. Stelle deinen Mund unter Gottes Schutz und fülle ihn mit göttlicher Weisheit für jedes Wort. Dann wirst du dich über deine Worte und Handlungen freuen können. Gott segne dich!

Tag 24

Herr, der König jubelt laut vor Freude,
denn du bist mächtig und
hast ihm den Sieg geschenkt.
Psalm 21,2

Sprich heute diese Wahrheit über deinem Leben aus:

Ich DEIN NAME *juble laut, denn du, Gott, hast mir den Sieg geschenkt.*

Gott verhilft dir zum Sieg! Manchmal gibt es Momente, in denen wir uns als Verlierer fühlen. Die Freude verschwindet und Gefühle von Frust, Einsamkeit und Resignation machen sich breit. Das sind keine einfachen Zeiten. Sie kosten Kraft und Zeit.

Aber du darfst heute wissen, dass ein starker Gott an deiner Seite ist. Er hat sogar dem König David zum Sieg verholfen. Genauso kann Gott auch dir wieder neue Siege schenken.

Jesus Christus ist der Sieger. Er hat am Kreuz den Tod besiegt. Diese göttliche Kraft und Macht, der nichts standhalten kann, ist auf deiner Seite.

Genau diese Energie möchte in deinem Leben sichtbar werden. Deshalb erwarte heute Gottes Kraft und einen positiven Durchbruch in deinen Herausforderungen. Gott wird deinen Frust in Jubel verwandeln, denn er lässt dich niemals im Stich.

Hast du bereits aufgegeben, dies wirklich zu glauben? Dann steh wieder auf und glaube an den Sieg, der durch Jesus Christus dir gehört. Selbst wenn es heute drunter und drüber geht: Du darfst dich trotzdem freuen, denn du kennst den Sieger, der alles zum Guten wenden wird. Genauso wie der König jubelte, kannst auch du dich freuen!

Tag 25

Doch alle, die auf Gewalt verzichten, werden dann das Land besitzen und ihr Glück kaum fassen können. Psalm 37,11

Sprich heute diesen Bibelvers über deinem Leben aus:

Ich DEIN NAME *werde auf Gott vertrauen und auf Gewalt verzichten. Gott streitet für mich, und ich werde mein Glück kaum fassen können.*

Wer auf Gewalt verzichtet, wird mit Freude gesegnet werden! Bist du auch manchmal genervt von Leuten, die böse Pläne schmieden und sie auch noch ausführen? Sie tun, was anderen schadet, und leben dazu noch in Saus und Braus.

Wie schnell können wir uns über dieses Thema ereifern und uns ärgern. Doch dadurch wird unsere Freude gedämpft, weil unsere Gedanken sich verstricken und ruhelos werden.

Gott dagegen hat etwas anderes für dich vorbereitet. Du kannst entscheiden, wie du lebst, handelst und reagierst. Gott lehrt uns sogar, unsere Gegner zu segnen. Er bereitet uns einen Tisch im Angesicht unserer Feinde. Diesen Lebensstil hat Jesus uns selber vorgelebt und heute befähigt uns sein Heiliger Geist dazu, selbst auch so zu handeln. Ich bin überzeugt: Gott wird dich mit mehr Einfluss, einer stärkeren Salbung und unfassbarem Glück segnen.

Deshalb lass dich ermutigen und bleibe standhaft. Schaue nicht auf Menschen, die Böses tun. Halte deinen Blick fest auf Gott gerichtet, vertraue ihm und entscheide dich, auf dieser Welt weiterhin das Gute zu tun. Denn zu seiner Zeit lässt Gott machtgierige Menschen scheitern, aber er kümmert sich liebevoll um alle, die zu ihm gehören.

Wer auf Gewalt verzichtet, der wird das Land besitzen. Freue dich über deine Gegenwart und deine Zukunft, die auf jeden Fall von Gott gesegnet sind und sein werden.

Tag 26

Freue dich über den Herrn;
er wird dir alles geben, was du dir von
Herzen wünschst. Psalm 37,4

Sprich heute diese Verheißung über deinem Leben aus:

Ich DEIN NAME *freue mich über Gott, denn er kennt meine Herzenswünsche!*

Freue dich über Gott, denn er kennt jeden Herzenswunsch!
Welches ist dein Herzenswunsch? Vielleicht gibt es Dinge, für die du schon sehr lange betest, aber sie sind einfach noch nicht eingetreten – jedenfalls nicht so, wie du dir das vorstellst. Vielleicht wünschst du dir einen anderen Job, ein Kind oder Veränderung in deinen Beziehungen.

Heute gibt es eine gute Nachricht für dich: Du kannst dich freuen, denn Gott kennt deinen Herzenswunsch haargenau. Er hat dich erschaffen und er weiß, wie du funktionierst. Er sieht alle deine Gefühle und er hat auch deine Tränen gesehen. Er kennt sogar alle deine zukünftigen Gedanken und Wünsche. Er ist bestens über dich informiert.

Deshalb möchte ich dich ermutigen: Denke über Gott nach, verbringe Zeit mit ihm und freue dich über seine Größe. Erzähle ihm deine Herzenswünsche und rede mit ihm über sie wie mit einem Freund.

Bleibe mit Gott im Gespräch und dann höre, was er dir sagen möchte, und achte darauf, was er tut. Manchmal öffnet Gott Türen, die uns verschlossen scheinen, oder wir entdecken in seiner Gegenwart neue Wege und Lösungen, die uns vorher verborgen waren. Gott segne dich!

Tag 27

Gerechtigkeit hast du geliebt und Gottlosigkeit gehasst: darum hat Gott, dein Gott, dich gesalbt mit Freudenöl vor deinen Gefährten. Psalm 45,5 ELB

Sprich heute diese Wahrheit über deinem Leben aus:

Gott selbst hat mich DEIN NAME *mit dem Öl der Freude gesalbt.*

Wer an Gott glaubt, ist überschüttet mit göttlicher Freude! Wenn du an Gott glaubst, dann hast du einen herausgehobenen Status. Du bist gesalbt mit Freudenöl.

Dieses Öl ist ein göttliches Zeichen, das sichtbar werden kann. Gott gibt dir nicht nur ein bisschen Freude, damit du gerade so überleben kannst. Du bist von der Freude Gottes erfüllt und in sie eingehüllt. Durch den Heiligen Geist ist der Geist der Freude in dir!

Aus diesem Grund ermutige ich dich heute, diese Freude zu empfangen und sie dir bewusst zu machen. Egal in welchen Umständen du dich momentan befindest, Gottes Freude bleibt immer dieselbe und sie ist jeden Tag für dich da.

Deshalb lass dich nicht von deiner Situation bestimmen, sondern halte an der Freude Gottes fest. Selbst wenn andere Menschen dir die Freude rauben wollen – sie können es nicht. Die Freude, die Jesus dir gibt, können sie dir niemals wegnehmen. Niemand kann den Kindern Gottes ihre innere Freude entwenden. Deshalb genieße heute das Siegel der Freude, das dein Vater im Himmel dir geschenkt hat.

Tag 28

Freut euch im Herrn allezeit!
Wiederum will ich sagen: Freut euch!
Philipper 4,4 ELB

Sprich heute diesen Bibelvers über deinem Leben aus:

Ich DEIN NAME *freue mich, weil ich mit Gott verbunden bin.*

Du kannst dich freuen, denn du bist jederzeit mit Gott verbunden! Hast du manchmal auch den Eindruck, andere würden erwarten, dass wir Christen auf Knopfdruck fröhlich sind?

Manchmal gibt es im Leben nicht viel zum Lachen. Unsere Lebenssituation kann ganz schön anstrengend sein. Oft gibt es auch im Leben als Christ Momente, die alles andere als erfreulich sind. Wie soll man sich da allezeit freuen können? Das ist eine gute Frage!

Ich bin überzeugt: Gott verlangt von dir nicht, dass du dich täglich über *dein Leben* freust. Er wünscht sich vielmehr, dass du dich über *ihn* freust. Um uns im Herrn zu freuen, machen wir uns seine Gegenwart bewusst und lassen uns von ihm erbauen. Das kannst du dir jeden Tag gönnen – lass dich bei Gott für deine Herausforderungen stärken.

Freue dich heute über deine persönliche und kraftvolle Beziehung zu Gott. Du kannst ständig mit Gott in Verbindung sein. Seine Aufmerksamkeit gehört dir – und deshalb kannst du dich allezeit freuen. Vielleicht möchtest du heute eine Anbetungs-CD einlegen und Gott anbeten. Freue dich über seine Größe und seine ständige Hilfe! Gott segne dich!

Los Angeles und kein Spaß erlaubt

Als wir als Familie beinahe vier Monate in den USA lebten, gingen wir ab und zu schwimmen. Es war wirklich gar nicht so einfach, in Los Angeles ein öffentliches Schwimmbad zu finden, denn entweder Amerikaner schwimmen nicht wirklich gerne oder sie haben ihren eigenen Pool hinter dem Haus. Doch nach einiger Zeit konnten wir in der Nähe ein kleines öffentliches Bad finden. Aus Europa waren wir gewohnt, uns im Schwimmbad frei bewegen zu können, doch in den USA gelten andere Regeln – wovon wir keine Ahnung hatten! Tatsächlich machten wir, was die Baderegeln betraf, fast alles falsch. In diesem Schwimmbad gab es derart viele Gesetze, dass wir als Familie für große Aufregung sorgten. Beispielsweise war es nicht erlaubt, auf dem Gelände zu rennen. Unsere Tochter war damals gerade sieben Jahre alt. Sie liebte es zu hüpfen und zu springen, aber sobald sie auch nur einen kleinen Sprung machte, hörte man einen schrillen Pfiff vom Bademeister und sie musste sich für drei Minuten auf den Boden setzen. Unser

Sohn stellte sich an den Rand des Schwimmbeckens und sprang freudestrahlend ins Wasser. Doch das war ebenfalls nicht erlaubt und auch er bekam vom Bademeister eine kleine Rüge. Es war weder erlaubt, mit einem Wasserball zu spielen, noch einen anderen Schwimmer zu berühren. Mein Mann Dan war mit einem Kaugummi im Wasser und genoss das kühle Nass. Doch als der Bademeister ihn kauen sah, wurde Dan mit einem lauten Pfiff aus dem Wasser geholt. Ein Helfer des Bademeisters brachte einen großen Abfalleimer zum Schwimmbecken, alle Augen waren auf Dan gerichtet und er musste seinen Kaugummi wegwerfen. Doch das war noch nicht alles. Ich selbst überlegte mir bald, warum denn eigentlich niemand im tiefen Wasser schwamm. Eigentlich gut, so hatte ich richtig viel Platz! Voller Freude stieg ich ins tiefe Wasser – und wurde ebenfalls per Pfiff aus dem Wasser geholt. Der Bademeister belehrte mich, ich müsse zuerst einen Schwimmtest absolvieren, bevor ich ins tiefe Wasser gehen dürfe. So mussten wir wochenlang jeden Tag beweisen, dass wir schwimmen konnten, bevor wir im tiefen Becken tauchen durften – dabei hatten wir vier doch schon am ersten Tag dafür gesorgt, dass der Bademeister uns bestens kannte! Es herrschte eine Atmosphäre von Regeln und Regelverstößen. Wir mussten uns entscheiden, ob wir dieses Bad genießen wollten oder nicht – ob wir uns ärgern oder ganz aufs Schwimmen verzichten wollten. Wir entschieden uns für Gelassenheit und machten uns einen Spaß daraus, die Regeln einzuhalten. Zwanzig Tage lang gratulierten wir einander zum bestandenen Schwimmtest und wir lernten, auch ohne Wasserball das Schwimmbad zu genießen.

Was immer wir in unserem Leben tun, es ist auch eine Frage der Gelassenheit. Wir können uns schnell ärgern, zornig werden oder andere Menschen beschimpfen. Oder aber wir können die Dinge mit Humor angehen und uns die Freude bewahren.

Tag 29

Gott, jetzt habe ich neuen Mut gefasst, voller Vertrauen blicke ich in die Zukunft. Darum will ich singen und dir danken, Herr.
Psalm 57,8

Sprich heute dieses Bibelwort über deinem Leben aus:

Gott selbst wird mir DEIN NAME *neuen Mut für meine Situation geben.*

Sei mutig und vertraue Gott, denn du bist sein geliebtes Kind! Fühlst du dich manchmal auch schnell niedergedrückt und nicht in optimaler Stimmung? Unsere Gefühle und unsere Stimmungslage können ganz schnell absacken. Dann fühlt es sich vielleicht an, als läge über unserer Lebensfreude so etwas wie eine Decke.

Mutlosigkeit oder gar Hoffnungslosigkeit können uns einengen, ja, uns in ein tiefes Loch ziehen. Gott weiß das, deshalb gibt er uns durch sein Wort neuen Mut. Nutze die Möglichkeit, in Gottes Gegenwart wieder neuen Mut zu gewinnen und dein Vertrauen zu stärken.

Verbanne im Namen Jesu jede Mutlosigkeit, jede Angst und jede depressive Stimmung aus deinem Leben. Lass deine Sorgen los und gib alle deine Herausforderungen im Gebet an Gott ab – und empfange von Gott neuen Lebensmut.

Jesus ist das Licht der Welt. Er kann jede Dunkelheit in Licht und jede Traurigkeit in Freude verwandeln. Deshalb danke Gott für seine Macht und vertraue ihm. Du bist sein geliebtes Kind – und das bedeutet: Gott möchte das Beste für dich!

Tag 30

Deshalb wünsche ich für euch alle, dass Gott, der diese Hoffnung schenkt, euch in eurem Glauben mit großer Freude und vollkommenem Frieden erfüllt, damit eure Hoffnung durch die Kraft des Heiligen Geistes wachse. Römer 15,13

Sprich heute diese Wahrheit über deinem Leben aus:

Gott selbst wird durch meinen Glauben mein Herz mit großer Freude und vollkommenem Frieden erfüllen.

Genieße die Freude, die durch deinen Glauben aus deinem Herzen strömt! Möchtest du dich in deinem Glaubensleben weiterentwickeln? Genau das kann heute geschehen. Gottes Geist lebt in dir und diese göttliche Kraft möchte dir helfen, dass deine Hoffnung immer stärker wird.

Durch deinen Glauben wird Gott dein Herz mit großer Freude und mit vollkommenem Frieden erfüllen. Jesus Christus hat dich vollständig angenommen und er wird dich niemals loslassen. Du gehörst zur Familie Gottes und hast jetzt und nach dem Tod eine sensationelle Heimat im Himmel. Diese Hoffnung darfst du heute dauerhaft in dein Herz eingravieren.

Wisse mit Sicherheit, dass dir eine ewige Zukunft bei Gott gehört, die bereits jetzt beginnt. Selbst wenn auf dieser Erde nicht immer alles so läuft, wie es du dir gewünscht hast, kannst du doch Gewissheit und vollkommenen Frieden in deinem Herzen haben.

Deshalb lass dich ermutigen, alle Zweifel auf die Seite zu legen. Glaube und freu dich über deine himmlische Heimat, die dir in Christus gehört! Gott segne dich!

Tag 31

Hoch willkommen ist der Freudenbote,
der mit guter Botschaft
über die Berge kommt.
Jesaja 52,7 NEÜ

Sprich heute diese Zusage über deinem Leben aus:

Ich DEIN NAME *werde heute gute Nachrichten erwarten und selbst gute Nachrichten verbreiten.*

Lass Gott gute Nachrichten in dein Leben bringen! Manchmal überstürzen sich die schlechten Nachrichten. Kennst du solche Momente? Schwierigkeiten am Arbeitsplatz, in der Familie oder in Beziehungen können uns ganz schön ins Schwitzen bringen. Vielleicht türmen sich vor uns große Sorgenberge auf. Wie schön ist es doch, wenn dann plötzlich eine gute Nachricht kommt.

Gott selbst ist jeden Tag bereit, dir gute Nachrichten zu bringen. Seine Verheißungen und Zusagen sind großartig! Deshalb ermutige ich dich heute: Sag nicht länger, wie groß deine Probleme sind, sondern sprich aus, wie groß dein himmlischer Vater ist.

Gott steht über den Bergen, die sich vor dir auftürmen, und seine Kraft und Macht überwältigt jeden

Feind. Er hat seinen Sohn Jesus Christus auf diese Erde gesendet und Jesus hat triumphiert, er ist der Sieger.

Deshalb darfst du heute mit Gottes übernatürlicher Kraft rechnen. Erwarte heute Freudenbotschaften in deinem Alltag und dann gib sie weiter. So kannst du in Gottes Kraft für deine Mitmenschen ein Freudenbote oder eine Freudenbotin sein.

Tag 32

Der Engel sagte: »Fürchtet euch nicht! Ich verkünde euch eine Botschaft, die das ganze Volk mit großer Freude erfüllt: Heute ist für euch ... der lang ersehnte Retter zur Welt gekommen.« Lukas 2,10-11

Sprich heute diese Wahrheit über deinem Leben aus:

Ich DEIN NAME *brauche mich nicht länger zu fürchten, denn Jesus ist mein Retter! Er durchbricht meine Angst.*

Der Glaube an Jesus Christus durchbricht jede Angst und erfüllt unser Herz mit tiefer Freude! Fürchtest du dich auch manchmal, kennst du Ängste? Vielleicht sorgst du dich um die Zukunft, deine Arbeitsstelle wackelt oder du wirst immer wieder von verschiedenen Ängsten bedrängt.

Angst kann uns richtig klein machen und wie eine dunkle Wolke auf unserem Leben lasten. In diesen Momenten spüren wir keine Freude mehr und vielleicht haben wir sogar körperliche Reaktionen.

Heute darfst du wissen, dass Jesus genau für deine Angst auf die Welt gekommen ist. Er ist dein Retter und durch seinen Tod am Kreuz hat er jede Angst besiegt.

Deshalb möchte ich dich heute ermutigen, Jesus alle deine Furcht durchbrechen zu lassen.

Jesus Christus hat die Angst besiegt. Sprich diesen Sieg auch über deine Angst aus. Dann empfange neuen Mut und Zuversicht durch den Heiligen Geist. Lass dein Herz mit neuer Freude füllen und glaube, dass Jesus Christus deine Furcht in neue Lebensfreude und Zuversicht verwandelt.

Tag 33

Dankt dem Herrn, denn er ist gut, und seine Gnade hört niemals auf! Psalm 118,1

Sprich heute diesen Bibelvers über deinem Leben aus:

Ich DEIN NAME *danke dir, Gott, denn durch Jesus Christus bin ich für immer gerecht gesprochen.*

Gottes Gnade ist genug. Das ist Grund zur Dankbarkeit. Zweifelst du manchmal daran, ob Gott wirklich deine Sünden vergeben wird? Denkst du manchmal vielleicht, dass du bei Gott durchfallen wirst, weil du zu viele und zu schwere Fehler begangen hast?

Falsche Frage! Jesus hat am Kreuz den Preis für *alle* deine Fehler bezahlt und somit *hat* Gott dir bereits *alle* Fehler vergeben. Der Sohn Gottes hat sein Leben gegeben und damit das Lösegeld bezahlt – und deshalb ist Gottes Gnade auch für dich mehr als genug.

Du bist freigesprochen und nichts kann dich mehr von Gottes Liebe trennen. Gott steht heute mit offenen Armen da und er möchte dich so richtig drücken. Gottes Gunst ist viel größer als wir uns vorstellen können, denn er gibt jedem Menschen eine neue Chance. Weißt du warum? Darum: Gottes Liebe für dich ist viel, viel größer als du es dir vorstellen kannst.

Gott liebt dich so sehr, dass er für dich sogar sein liebstes Kind auf die Erde geschickt hat. Gott wünscht sich eine Liebesbeziehung zu dir und er hat seine Liebe schon in dein Herz ausgegossen. Du darfst dich heute freuen, denn dein Schuldschein ist bereits beglichen und gegenstandslos.

Tag 34

Glücklich sind alle, die sich an seine Weisungen halten und ihm von ganzem Herzen dienen. Psalm 119,2

Sprich heute diese Zusage über deinem Leben aus:

Ich DEIN NAME *darf mich glücklich schätzen, denn mein Herz gehört Gott.*

Mein Herz gehört Gott, denn er hat den besten Weg für mich! Fragst du dich manchmal auch, warum wir Gott dienen und auf seine Worte hören sollen?

Du darfst heute wissen: Gott ist die Liebe! Jesus kam auf diese Erde, um *dir* zu dienen. Gott beschenkt dich durch Jesus Christus mit seiner Weisheit und mit seinem Dienst an dir. Weil du Jesus in dein Leben eingeladen hast, lebt Jesus in dir, und Jesus dient Gott gerne. So wird es leicht, mit deinen Talenten Gott zu dienen und ihm so die Ehre zu geben.

Gottes Maßstäbe in der Bibel sind für dein Leben eine wunderbare Hilfe und Bereicherung – und weil Jesus in dir lebt, möchtest und wirst du so leben wie er. Du kannst heute an deinem Arbeitsplatz und in deiner Familie göttliche Spuren hinterlassen, denn so werden die Menschen durch dein Leben Gott sehen.

Es gibt nichts Größeres, als dem König der Könige zu dienen. Deshalb möchte ich dich ermutigen, deinem Gott als Antwort auf seine Liebe zu dienen. Vertraue ihm, dass du heute seine Stimme hören wirst und sein Wort verstehen kannst. Gott segne dich!

Tag 35

Erfreue dich an deiner Frau, die du als junger Mann geheiratet hast. Sprüche 5,18

Sprich heute dieses Bibelwort über deinem Leben aus:

Ich DEIN NAME *freue mich heute an meinem Partner und ich werde meine Familie genießen.*

Deine Familie ist ein Geschenk Gottes, das du genießen darfst! Die Freude in der Familie oder in der Ehe kann ganz schnell verschwinden, wenn wir streiten oder undankbar sind. Manchmal konzentrieren wir uns auf das Negative oder wir sehen nur noch das, was eben gerade nicht so gut läuft.

Die Bibel erinnert uns an dieser Stelle daran zurückzublicken. Erinnere dich an all die guten Zeiten, die du mit deiner Familie bereits erlebt hast. Schreibe dir die positiven Seiten deines Partners auf eine Karte und erinnere dich daran, wie viel Gutes er dir bereits getan hat. Oder überrasche deinen Partner mit einem Sekt!

Du wirst niemals die perfekte Familie oder den perfekten Partner haben. In jeder Beziehung gibt es Lücken und Schwieriges. Aber durch die Gnade Jesu Christi kannst du heute Frieden in deiner Familie haben und auch hineinbringen.

Deshalb lass dich heute ermutigen zu einem Neustart in deinen bestehenden Beziehungen. Weil Gott dir vergeben hat und dir dient, kannst du vergebungsbereit sein und deiner Familie Liebesdienste erweisen. Gib dem Heiligen Geist Raum in dir; er wird durch dich in deiner Familie Frieden, Liebe, Geborgenheit und Freude wachsen lassen. Gott segne dich!

Eine Familie wird gesund

Ich kann mich gut erinnern, wie mir vor ein paar Monaten eine junge Frau ihre Geschichte erzählte. Sie heißt Carolina und kommt aus Honduras. Mit ihrem Mann und ihrem kleinen Sohn hatte sie schon seit einigen Jahren in Stuttgart gelebt. Doch Carolina war sehr traurig, denn sie vermisste ihre Heimat. Sie war kurz davor, ihrem Mann zu sagen, dass sie es in Deutschland nicht mehr aushalten könne und sie deshalb nach Honduras zurückgehen wolle. Obwohl sie Gott kannte, hatte sie keine Kraft mehr. Ihre Kulturen waren zu unterschiedlich und sie sehnte sich nach ihrer Familie und ihren Freunden. So wählte sie einen Abend aus, an dem sie ihrem Mann alles erklären wollte. Doch an genau diesem geplanten Abend kam alles anders: Ihr Mann kam bleich nach Hause und eröffnete ihr, er sei schwer krank. Die Ärzte hatten an diesem Tag Krebs diagnostiziert und die Lage war sehr ernst. Carolina brach in Tränen aus und betete zu Gott um Hilfe. Ihr Mann hatte bis zu diesem Zeitpunkt keine lebendige Beziehung zu Gott gehabt und kannte Jesus nicht als seinen persönlichen Retter. Doch nun, in dieser herausfordernden Situation, kamen sie als ganze Familie zu uns in die Kirchgemeinde. Frank und Carolina wurden im Gottesdienst in ihren Herzen berührt und sie nahmen unseren Gebetsdienst in Anspruch. Dort beteten mein Mann Dan und unser Team für die ganze Familie. Frank lernte Jesus kennen und gab sein Leben Jesus Christus. Zum ersten Mal konnte er die Gnade von Jesus erleben. Danach beteten wir um Gesundheit. Gott berührte Franks Körper und der Krebs verschwand. Als ganze Familie fingen sie nun an, Jesus zu dienen. Auch ihre Ehe wurde gestärkt und heute wächst die Familie im Glauben. Carolina fand in der Kirchgemeinde Heimat und Hoffnung.

Heute sind sie eine strahlend glückliche Familie, die jetzt selbst mithilft, anderen Menschen zu dienen. Jeden Sonntag kommen sie zum Gottesdienst und lernen Jesus immer besser kennen. Es ist großartig, was Gott in dieser Familie getan hat. In Honduras haben sie sogar ein eigenes Kinderhilfsprojekt gestartet, das sie als ihre Lebensvision vorantreiben. Gottes Freude ist eingezogen und Carolina und Frank sind heute ein großer Segen für viele Menschen!

Gott kann und will kranke Menschen gesund machen und er schenkt heimatlosen Menschen eine echte, tiefe Zugehörigkeit zur Familie Gottes. Bei Gott finden wir Ruhe, Freude, Heilung und ein ewiges Zuhause.

Tag 36

Majestät und Pracht gehen von ihm aus, seine Stärke und Freude erfüllen den Ort, wo er wohnt! 1. Chronik 16,27

Sprich heute diese Wahrheit über deinem Leben aus:

Majestät und Pracht gehen von Gott aus, seine Stärke und Freude erfüllen mich DEIN NAME, *weil Gott in mir wohnt.*

Gottes Gegenwart bringt kraftvolle Freude in dein Leben! Hast du schon mal darüber nachgedacht, dass tatsächlich Gottes Stärke in dir wohnt?

Die Bibel lehrt uns, dass unser Körper der Tempel des Heiligen Geistes ist. Gott wohnt durch seinen Geist in dir. Das bedeutet: Du hast Gottes unübertreffliche Stärke in dir, sie steht dir zur vollen Verfügung. Ebenso wohnt Gottes Freude in deinem Innersten; sie ist bereit, in deinem Leben wirksam zu werden.

Ich möchte dich heute ermutigen: Genieße es, dass du eine Wohnung Gottes bist, und gehe beschwingt durch den Tag. Gib Gott heute Raum, denn er will dein Leben mit Freude ausfüllen.

Vollständig mit Freude ausgefüllt zu sein, das ist viel mehr, als nur ein kleines Lächeln im Gesicht zu tragen.

Gott will dein Herz vollständig und übervoll mit Freude beschenken, damit Lebensfreude aus dir heraussprudeln kann.

Ebenso steht dir Gottes mächtige Kraft für deine heutige Situation zur Verfügung. Deshalb profitiere heute von Gottes Gegenwart in deinem Leben und lass Gottes Freude und Kraft in deinem Alltag wirksam werden.

Tag 37

Seine Hilfe gleicht einer sprudelnden Quelle. Voller Freude werdet ihr Wasser daraus schöpfen. Jesaja 12,3

Sprich heute diese Verheißung über deinem Leben aus:

Danke, Gott, denn deine Hilfe für mich DEIN NAME *gleicht einer sprudelnden Quelle. Ich werde voller Freude Wasser daraus schöpfen.*

Bei Gott gibt es immer noch mehr Gutes für dich! Wie geht es dir heute? Brauchst du in deinem Leben irgendwelche Hilfe? Gibt es vielleicht Lebensbereiche, die zu vertrocknen scheinen?

Es gibt eine gute Nachricht für dich: Gottes Hilfe ist wie eine sprudelnde Quelle. Vielleicht kannst du dir den Rheinfall oder die Niagara-Fälle vorstellen. Wo so viel Wasser zusammenkommt, da findet sich großartige, unaufhaltsame Kraft.

Genau diese Kraft steht uns Christen zur Verfügung. Leider vergessen das viele Gläubige und sie versuchen krampfhaft und aus eigener Kraft, ihr Leben zu meistern. Doch dies ist nicht mehr nötig, denn du kannst heute von dieser unglaublich starken Gotteskraft profitieren, und zwar kostenlos!

Freue dich, denn du kannst heute von Gott deine persönliche Hilfe bekommen. Er hat Kraft für dich übrig, mehr als genug. Deshalb ermutige ich dich, deine Mutlosigkeit oder deine Angst zur Seite zu legen. Greife voller Freude zu einem großen Eimer und schöpfe dir frisches Wasser aus der Quelle – aus Gott selbst. Ich bin überzeugt, dass du dabei an Geist, Seele und Leib erfrischt wirst.

Tag 38

Statt der Trauergewänder gebe ich ihnen duftendes Öl, das sie erfreut. Ihre Mutlosigkeit will ich in Jubel verwandeln, der sie schmückt wie ein Festkleid.
Jesaja 61,3

Sprich heute diese Zusage über deinem Leben aus:

Danke, Gott, dass du heute meine DEIN NAME *Trauer und meine Mutlosigkeit in kostbare Freude verwandeln wirst.*

Gott kann jede Entmutigung in kostbare Freude verwandeln! Es kann so schnell passieren, dass Trauer oder Mutlosigkeit in unser Leben kommen. Vielleicht hast du gerade einen lieben Menschen verloren, und keiner hat dich vorher gefragt, ob du damit einverstanden bist. Oder vielleicht wurdest du von Menschen enttäuscht, oder es ist einfach anders gekommen, als du es gedacht hattest.

Du darfst heute wissen: Gott hat alles gesehen. Er kennt deine Gefühle und er sieht dein trauriges Herz. Und er möchte dich heute mit Gutem beschenken.

Deshalb rechne heute mit einer Begegnung mit Gott. Er ist immer daran interessiert, Schlechtes in Gutes zu verwandeln. Manchmal können wir unseren Lebensweg nicht verstehen, weil er einfach schwierig oder unlogisch erscheint. Aber Gott verliert nie den Überblick und er hält immer Gutes für uns bereit.

Glaube an die Kraft Gottes in deinem Leben. Lasse heute zu, dass Gottes übernatürliche Kraft deine Mutlosigkeit in Jubel verwandelt. Du bist Gottes Kind – und dein liebender Vater im Himmel schenkt dir heute eine Umarmung. Er wird dir einen kostbaren Trost geben, der deine innere Freude wiederherstellt.

Tag 39

Dies ist der Tag, den der Herr gemacht hat! Seien wir fröhlich und freuen wir uns in ihm!
Psalm 118,24 ELB

Sprich heute diese Wahrheit über deinem Leben aus:

Diesen Tag hat Gott gemacht, deshalb freue ich DEIN NAME *mich und bin trotz meiner Umstände fröhlich, denn in Gott kann ich mich freuen!*

Bei Gott zu entspannen besiegt jeden Freudenkiller! Gibt es zurzeit Dinge in deinem Leben, die dir die Freude rauben wollen? Es gibt täglich Momente, in denen uns die Freude vergehen kann. Deshalb ermutige ich dich daran zu denken, dass der heutige Tag speziell von Gott gemacht wurde.

Gott bleibt immer derselbe, er verändert sich nicht. Deshalb lass dich heute ermutigen, an ihn zu denken und in seiner Gegenwart zu entspannen. Lass dich nicht von deinen Lebensumständen in schlechte Stimmung bringen, sondern schaue heute auf Gott. Bei ihm findest du neue Zuversicht und neues Vertrauen!

Du kannst gerade jetzt deine negativen Gedanken, Gefühle, Erlebnisse oder auch Bedrohungen bei Jesus abgeben. Gott ist ein gnädiger Gott und seine Barmherzigkeit ist groß.

Er möchte in diesem Moment deine innere Freude stärken und aufbauen. Dieses Geschenk steht für dich bereit, deshalb empfange es. Du musst nicht geknickt durch dein Leben gehen. Richte dich auf und glaube an die Freude Gottes, die auch heute für dich bereitsteht.

Tag 40

Jetzt aber komme ich zu dir; und dieses rede ich in der Welt, damit sie meine Freude völlig in sich haben.
Johannes 17,13 ELB

Sprich heute diese Zusage über deinem Leben aus:

Jesus will, dass seine Freude in mir ist, und ich DEIN NAME *nehme das an. Danke, Jesus, für deine vollständige Freude in mir!*

Gottes Freude erfüllt Herzen vollständig! Möchtest du in deinem Leben in jeder Situation freudig reagieren können, anstatt unüberlegt zu reden und zu handeln? Das kannst du. Ich möchte dich ermutigen, in ein Freuden-Training einzusteigen.

Gott hat dein Herz bereits mit Freude erfüllt. Deshalb ermutige ich dich, dir diese göttliche Freude bewusst zu machen und Gott dafür zu danken. Das kannst du täglich praktizieren.

Empfange jeden Morgen Ruhe und Frieden von Gott. Wenn du dann im Lauf des Tages einer nervigen Situation begegnest, dann schließe kurz die Augen und erinnere dich an die Freude Jesu in dir. So kannst du sie dir augenblicklich bewusst machen.

Du kannst dich für die Freude entscheiden und die negativen Gedanken bei Jesus abgeben. Ich bin überzeugt: Der Geist Gottes wird dich für deine Situation ausrüsten – mit Frieden, Barmherzigkeit, Ruhe und Weisheit. Gott segne dich!

Tag 41

Und obwohl ihr deswegen viel leiden musstet, habt ihr Gottes Botschaft mit einer solchen Freude aufgenommen, wie sie nur der Heilige Geist schenken kann.
1. Thessalonicher 1,6

Sprich heute diesen Bibelvers über deinem Leben aus:

Danke, Heiliger Geist, für die Freude, die du mir DEIN NAME *schenkst. Danke, Gott, für deine Botschaft.*

Kraft und Freude für deinen Alltag findest du in Gottes Botschaft! Ist es für dich manchmal schwierig, die Bibel wirklich motiviert zu lesen?

Heute darfst du wissen, dass Gottes Botschaft – das Evangelium von Jesus Christus – unglaublich große Kraft hat. Die Bibel, die diese Botschaft enthält, wurde zwar von Menschen aufgeschrieben, aber sie wurde ihnen von Gott persönlich eingegeben. Deshalb hat die Bibel eine kraftvolle Auswirkung – sie ist die Botschaft des allmächtigen Gottes an dich persönlich.

Du hast die Chance, von dieser positiven Kraft Gebrauch zu machen. Deshalb ermutige ich dich, die Bibel zu lesen und dich in Gottes Liebesbotschaft an dich zu vertiefen. Vielleicht kannst du dir für deine Zeiten mit Gott eine gemütliche Ecke einrichten. Ich bin überzeugt, je besser du Jesus Christus und sein Evangelium durch die Bibel kennenlernst, desto mehr wirst du seine Stimme erkennen.

Gott sehnt sich nach einer Beziehung mit dir und er möchte dich zunehmend mit neuen Erkenntnissen überraschen. Er hat Zeit für dich – und er ist bereit, dir täglich zu begegnen. Deshalb freue dich heute, dass du eine Bibel und damit die Möglichkeit hast, die kraftvollen Worte des wunderbaren Evangeliums zu entdecken. Ich bin überzeugt: Je mehr du Gottes Wahrheit aussprichst, desto mehr Freude wird sich in deinem Leben ausbreiten.

Tag 42

Preise den Herrn, meine Seele, und vergiss nicht alle seine Wohltaten! Der da vergibt alle deine Sünde, der da heilt alle deine Krankheiten. Psalm 103,2-3 ELB

Sprich heute diese Wahrheit über deinem Leben aus:

Ich DEIN NAME *preise dich, Gott, und denke an alles, was du in meinem Leben Gutes getan hast. Du hast mir bereits alle Fehler vergeben und du heilst alle meine Krankheit.*

Erinnere dich an Gott, der dein Herz in der Tiefe heil macht! Fühlst du dich momentan krank oder irgendwie bedrückt? In der Bibel lesen wir, dass Jesus Christus am Kreuz alle unsere Sünden vergeben hat; durch seine Wunden sind wir geheilt. Das bedeutet, dass es Jesu Wille ist, Herzen und Körper vollständig gesund zu machen.

Als Jesus auf der Erde war, hat er viele Menschen geheilt. Genauso will er auch heute durch dein Gebet dich und andere Menschen gesund machen. Empfange im Namen Jesu Heilung für deine Psyche, dein Asthma, empfange Heilung von Krebs oder der Krankheit, mit der du geboren wurdest.

Ich habe es immer wieder erlebt, wie Menschen durch mein Gebet gesund wurden. Dazu braucht es keine spezielle Fähigkeit. Die einzige Voraussetzung ist zu glauben, dass Gott tatsächlich noch heute Wunder tun kann und will.

Deshalb lass dich ermutigen, für Kranke um Heilung zu beten. Dabei bist du nicht für das Resultat verantwortlich; dein Teil ist lediglich zu beten.

Verbreite diese wunderbare Nachricht der Heilungskraft Jesu Christi – und wenn du betest, glaube, dass Gott ein Wunder tut. Elia war ein einfacher Mensch und sein Gebet hatte große Kraft. Genauso können du und ich für Menschen beten und erwarten, dass Gottes Kraft wirkt. Gott segne dich!

Ein großartiger Straßenfeger!

Als wir in Stuttgart unsere Kirche gründeten, wussten wir, dass wir als Familie ein finanzielles Risiko eingingen. Für die erste Zeit hatte eine Gemeinde uns finanzielle Unterstützung zugesagt; danach mussten wir sowohl als Gemeindegründungsprojekt als auch als Familie finanziell auf eigenen Beinen stehen. Voller Elan begannen wir mit dem Aufbau der neuen Kirchgemeinde. In den ersten Wochen kam nur eine Handvoll Leute zu unseren Gottesdiensten, aber es wurden immer mehr, und inzwischen haben viele Menschen durch unsere Arbeit Jesus Christus kennengelernt. Wir erlebten sehr viel Freude in unserer Gemeindearbeit. Nicht zuletzt durch meine Bücher kamen neue Gottesdienstbesucher dazu, und auch sie erlebten, wie ihr Herz geheilt wurde. Es war uns klar, dass Gott uns nach Stuttgart berufen hatte und dass wir unseren Dienst dort weiterführen sollten. Doch wir stellten fest, dass wir für uns als Familie nicht genügend finanzielle Mittel haben würden. Wir beteten um Unterstützung von außerhalb oder um irgendwelche Wunder, die uns helfen könnten, diese finanzielle Herausforderung zu meistern. Doch die Unterstützung blieb aus. Im Gebet wurde mir dann klar, dass es für mich das Richtige war, einen Teilzeitjob zu suchen. Nur so war es meinem Mann möglich, seine Gemeindearbeit fortzuführen. Inzwischen erreichten wir jede Woche 300 bis 350 Gottesdienstbesucher; unser Einzugsgebiet erstreckte sich weit über Stuttgart hinaus bis nach Schorndorf und sogar bis ins sechzig Kilometer entfernte Heilbronn.

Bevor ich Familienfrau wurde, hatte ich zwei Berufe erlernt, Medizinische Praxisassistentin und Religionslehrerin. Wie durch ein Wunder bekam ich mit meinen über 40 Jahren eine Anstellung in einer Arztpraxis gleich um die Ecke. Doch die Arbeit war für mich sehr herausfordernd. Ich hatte seit 13 Jahren nicht mehr in diesem Beruf gearbeitet und musste mir alle Fähigkeiten wieder ganz neu in Erinnerung rufen. Der 60-Prozent-Job in der Arztpraxis brachte mich bald körperlich und emotional an die Grenzen. Es gab Tage, an denen meine Freude komplett verschwunden und ich nicht wirklich begeistert von meiner Arbeit war. Meine Lieblingsbeschäftigungen, wie zum Beispiel auf einem Frauenfrühstück zu sprechen oder ein Buch zu schreiben, rückten weit in den Hintergrund. Stattdessen war ich beschäftigt mit Arbeiten im Labor, dem Anfertigen von Röntgenaufnahmen oder der Assistenz bei kleinen Operationen. Doch ich wusste: Gott hat einen Plan. Und dann hörte ich eines Tages in einer Predigt das Zitat von Martin Luther King: »Welcher Arbeit auch immer Sie in Ihrem Leben nachgehen, machen Sie sie gut ... Wenn Ihre Aufgabe darin besteht, die Straßen zu fegen, dann fegen Sie, wie Michelangelo malte, wie Shakespeare Gedichte schrieb und wie Beethoven komponierte. Fegen Sie die Straßen so, dass all die himmlischen und auch die irdischen Heerscharen innehalten und sagen: Er lebte als ein großer Straßenfeger und er hat seine Arbeit gut gemacht.« Dieses Zitat hat mein Herz tief berührt und ich ging mit einer anderen Einstellung zur Arbeit. Ab diesem Tag entschied ich mich, mir die Freude durch meine Umstände nicht rauben zu lassen.

Manchmal hat Gott Wege, die wir noch nicht überblicken können. Jedoch können wir an jedem Ort Inspiration und Freude für unser Leben finden und verbreiten. Wenn ich heute zurückblicke, sehe ich: Gott hat meine Arbeit in der Arztpraxis reich gesegnet; meine Predigten bekommen durch diese Arbeit einen anderen Schwerpunkt. Jeden Tag sehe ich Menschen, die krank sind, und damit wird mir täglich mehr bewusst, dass Gottes Heilungskraft auf dieser Erde verbreitet und wirksam werden soll. Auch kann ich eine alleinerziehende Mutter, die mit viel Aufwand ihr Geld verdienen muss, jetzt besser verstehen.

Gottes Wege sind immer kostbar, deshalb können wir uns freuen, dass er unser Leben lenkt!

Tag 43

[An diesem Tag] ruhten sie und machten ihn zu einem Tag des Festmahls und der Freude. Ester 9,17 ELB

Sprich heute diesen Bibelvers über deinem Leben aus:

Ich DEIN NAME *freue mich, denn mein Vater im Himmel liebt es, wenn wir uns etwas Gutes tun und Feste feiern.*

Eine Pause bringt Freude und Erholung in den Alltag! Fühlst du dich momentan gestresst oder unter Druck? Rennst du vielleicht gerade von einem Termin zur nächsten Verpflichtung?

Gott hat bewusst den Sonntag geschaffen und er liebt es, wenn wir ausruhen und feiern. Quer durch die Bibel sehen wir, dass Gottes Volk Feste feiert. Deshalb ermutige ich dich, jeden Tag Pausen einzulegen und die schönen Momente bewusst zu feiern. Vielleicht kannst du deine Familie zu einem Essen einladen oder deine Freunde mit einem Drink verwöhnen.

Gönne auch dir persönlich eine Pause und ruhe dich bewusst aus, denn aus der Stille kommt die Kraft. Du darfst es genießen, in Ruhe auf dem Liegestuhl über Gott nachzudenken, seine Stimme zu hören und eine wertvolle Begegnung mit ihm zu haben.

Ich möchte dich außerdem ermutigen, jeden Sonntag in der Gemeinde deinen Gott zu feiern und mit deiner geistlichen Familie einen Festtag zu erleben, denn auch in der Gemeinschaft mit anderen Christen erlebst du Gottes Gegenwart, seine Freude und Entspannung.

Tag 44

Der Dieb kommt, um zu stehlen,
zu schlachten und zu vernichten.
Ich aber bringe Leben –
und dies im Überfluss.
Johannes 10,10

Sprich heute diese Wahrheit über deinem Leben aus:

Im Namen Jesu weise ich jeden Freudenkiller von mir! Ich lasse mir heute die Freude nicht rauben, denn Gott selbst schenkt mir DEIN NAME *gerade heute Leben im Überfluss.*

Wenn Gott einen Wunsch in dein Herz gelegt hat, dann überschüttet er dich mit Gunst, damit er auch wahr wird! Satan ist *der* Dieb. Er will dir täglich die Freude und all das Schöne in deinem Leben rauben. Er will Familien zerstören, Beziehungen durcheinanderbringen, Gemeinden spalten und Leid verbreiten. Ebenso möchte er alle deine Träume oder Wünsche verhindern, die Gott in dein Herz gelegt hat.

Aber Jesus ist ganz anders. Er bringt kraftvolles und befreites Leben in jedes Herz. Dazu bringt er seine Gunst mit und die Kraft, die wir brauchen, um seine göttlichen Pläne auszuleben.

Deshalb ermutige ich dich: Lass dir heute die Freude nicht stehlen, behüte sie ganz bewusst. Sei nicht überrascht, wenn der Feind dir Steine in den Weg legt. Sei stattdessen wachsam und durchschaue seine Pläne.

Das Wichtigste ist: Die Kraft von Jesus Christus ist stärker als jeder Angriff von Satan. Aus diesem Grund kannst du *jeden* Freudenkiller aus deinem Leben verbannen. Freue dich an Jesus Christus, denn durch ihn hast du den Sieg.

Heute kannst du dein Herz mit dem Leben Jesu Christi auffüllen lassen. Rüste dich für deinen Tag, indem du gerade jetzt Gottes Freude, Frieden und Kraft in dich hineinfließen lässt – und du wirst einen guten Tag haben.

Tag 45

Deshalb wünsche ich für euch alle, dass Gott, der diese Hoffnung schenkt, euch in eurem Glauben mit großer Freude und vollkommenem Frieden erfüllt, damit eure Hoffnung durch die Kraft des heiligen Geistes wachse. Römer 15,13

Sprich heute dieses Bibelwort über deinem Leben aus:

Ich DEIN NAME *glaube aus tiefstem Herzen an dich, Gott. Im Namen Jesu befehle ich allen Zweifeln, aus meinem Leben zu verschwinden! Ich wachse in meinem Glaubensleben und erlebe täglich Gottes Freude.*

Der Glaube an Gott bereichert das Leben mit Freude, Frieden und Gunst! Möchtest du mehr von Gottes Gegenwart und seinem Wirken in deinem Leben erfahren? Das ist ein großartiger Wunsch, und Gott steht total dahinter!

Ich möchte dich ermutigen: Glaube wie ein Kind an Gott. Verabschiede dich heute von deinen Zweifeln und lass dich durch nichts davon abhalten, Gott zu vertrauen. Satan versucht täglich, Zweifel in dein Herz zu säen. Er möchte dich ablenken, damit du nicht noch mehr mit Gott erlebst.

Gott hingegen sucht nach Menschen, die an ihn glauben. Und das Beste ist, dass er selbst Glauben in uns bewirkt. Auf dieser Grundlage erwarte heute Gottes Kraft in deinem Leben. Glaube, dass für Gott nichts unmöglich ist. Er ist der allmächtige Gott und ihm unterstehen alle Menschen und alle Mächte. Er ist der König der Könige, er hat alle Macht auf dieser Welt.

Deshalb erlebe heute Gottes Kraft und seine Majestät in deinem Alltag. Pflege deine Beziehung mit deinem liebenden Vater und erzähle ihm alle deine Herausforderungen. Denn er ist ständig aktiv, um Freude, Frieden und Gunst in das Leben der Menschen zu bringen.

Lass dich in diesem Moment vom Höchsten erfüllen: mit seiner Freude, seinem Frieden und dem Bewusstsein seiner Gunst. Gott segne dich!

Tag 46

Wer sich am Leben freuen und gute Tage erleben will, der achte auf das, was er sagt. Keine Lüge, kein gemeines Wort soll über seine Lippen kommen. 1. Petrus 3,10

Sprich heute diesen Bibelvers über deinem Leben aus:

Danke, Gott, dass ich DEIN NAME *reden kann. Heute stelle ich meine Zunge bewusst unter deinen Schutz und deine Leitung. Ich bitte dich, Vater, um Weisheit für jedes Wort.*

Göttliche Weisheit bereichert deine Kommunikation! Bist du dir manchmal nicht sicher, was du sagen sollst? Oder bereust du manchmal die Worte, die gerade über deine Lippen gepurzelt sind? Oder gibt es gar Momente, in denen du Fluchworte aussprichst?

Worte haben Macht, auch über dein Leben, und können dich oder andere ganz schön runterziehen. Mit Worten können wir andere Menschen verletzen, das weiß jeder; aber wir können auch über uns selbst schlecht reden, und das tut uns nicht gut. Es raubt uns die Freude und lässt uns bedrückt werden. Aus diesem Grund ermutige ich dich, deinen Mund unter Gottes Schutz zu stellen. Lass dich täglich mit dem Geist der Weisheit erfüllen. Gott wird dir Klugheit für jedes Wort geben, das du aussprechen wirst.

Gott ist gerne bereit, deinen Mund zu führen und dich mit seiner übernatürlich guten Kommunikationsfähigkeit auszustatten. Ich bin überzeugt, dass du staunen wirst, welche positiven Auswirkungen dies auf deine Kommunikation haben wird. Gott hat in deinem Alltag viel Freude für dich vorbereitet.

Tag 47

Herr, ich danke dir dafür, dass du mich so wunderbar und einzigartig gemacht hast! Großartig ist alles, was du geschaffen hast – das erkenne ich!
Psalm 139,14

Sprich heute diese Wahrheit über deinem Leben aus:

Danke, Gott, dass du mich DEIN NAME *so wunderbar und so einzigartig gemacht hast! Du hast mich geschaffen und wie alles, was du geschaffen hast, bin auch ich großartig.*

Du bist wunderschön und von Gott geliebt! Was empfindest du, wenn du an dich selbst denkst? Kannst du dich über dein Leben und über dich als Persönlichkeit aus tiefstem Herzen freuen? Wenn du über dich nachdenkst, gibt es da etwas, bei dem dir die Freude vergeht, das dir die Freude stehlen will?

Heute gibt es eine gute Nachricht für dich: Gott hat dich genial gemacht! Als er dich erschaffen hat, da wurde es ihm so richtig warm ums Herz. Du bist nicht einfach eine Kopie oder Massenware. Gott hat dich einzigartig gemacht, als Original. Das bedeutet, dass du in Gottes Augen enorm kostbar und wertvoll bist.

Als Gott den Menschen schuf, sagte er abschließend: »Sehr gut!« Genau das sagt Gott auch über dich. Du bist genial!

Selbst wenn momentan vielleicht nicht alles perfekt läuft, bist du in Gottes Augen eine kostbare Perle. Gott hat eine Menge an sensationellen Fähigkeiten in dich hineingelegt und er hat dich mit geistlichen und natürlichen Talenten ausgestattet. Auch legt er einen Traum in dein Herz; Gott selbst möchte mit dir die Welt auf den Kopf stellen und zum Guten verändern.

Gott liebt dich über alles und er möchte das Beste für dich! Deshalb kannst du dich heute freuen! Gott segne dich!

Tag 48

Doch mir gibst du Kraft,
wie ein wilder Stier sie hat;
du schenkst mir Freude
und neuen Mut.
Psalm 92,11

Sprich heute diese Verheißung über deinem Leben aus:

Gott, du gibst mir DEIN NAME *Kraft, wie ein wilder Stier sie hat; du schenkst mir deine Freude und neuen Mut.*

Gottes Energie sprengt jede menschliche Vorstellungskraft! Leider pressen wir Menschen manchmal unseren Gott in ein viel zu kleines Schema. Wir bilden uns ein zu wissen, was bei Gott möglich sein könnte und was nicht.

Doch Gottes Kraft übersteigt alle unsere Vorstellungskraft! Gott kann deine tiefste Traurigkeit in strahlende Freude verwandeln. Genauso hat Gott auch die Fähigkeit, deine intensivste Erschöpfung in unendlich kraftvolle Stärke zu verwandeln.

Gott hat Möglichkeiten, die du als Mensch weder sehen noch hervorbringen kannst. Es ist ein großartiges Privileg, diese göttliche Kraft in sich zu tragen. Ich ermutige dich heute: Lass diese Energie in dein Leben hineinfließen.

Lass dich gerade in diesem Moment von Gottes Mut erfrischen und zurüsten, damit du allen Herausforderungen des Lebens in Gottes Stärke begegnen kannst. Gottes Kraft steckt in dir – das ist Grund zur Freude!

Tag 49

*Mit ewiger Liebe
habe ich dich geliebt.
Jeremia 31,3* ELB

Sprich heute dieses Bibelwort in dein Herz hinein und empfange diese Wahrheit:

Gott liebt mich DEIN NAME *mit ewiger Liebe.*

Menschliche Liebe kann zerbrechen, und das tut weh. Aber Gott wird niemals aufhören, dich zu lieben! Hast du es auch schon erlebt, wenn in einer Beziehung die Liebe erkaltet ist und es dann so richtig ungemütlich wird? Wir Menschen neigen dazu, die Liebe mitunter recht schnell zu verlieren. Ehen können auseinanderbrechen, weil die Liebe verschwunden zu sein scheint.

Aber Gott ist total anders. Seine Liebe ist einfach großartig, sie ist unübertroffen fair und Gott steht zu seinem Wort! Er liebt dich mit seiner perfekten Liebe, die niemals aufhören wird. Für ihn gibt es einfach keinen Grund, warum er dich fallenlassen oder dir den Rücken zukehren sollte. Immer, bis in alle Ewigkeit, wird er dich bedingungslos lieben.

Danke Gott heute für seine nie endende Liebe.

Tag 50

Die Augen des Herrn sind an jedem Ort.
Sprüche 15,3 ELB

Sprich heute diese Zusage über deinem Leben aus:

Gott sieht mich DEIN NAME, *denn die Augen des Herrn sind an jedem Ort.*

Du bist für Gott dermaßen kostbar, dass er dich ständig und voller Liebe anschaut! Denkst du auch manchmal, Gott könne doch gar nicht für alle Menschen gleichzeitig da sein? Oder fühlst du dich noch nicht einmal würdig genug, dass Gott überhaupt *nachschauen* würde, wie es dir geht?

Weißt du, wir Menschen denken oft viel zu klein von Gott. Unser Gehirn ist nicht fähig, Gottes Größe zu fassen. Gott ist allgegenwärtig und er kann zur gleichen Zeit an jedem Ort dieser Erde alles sehen – auch dich. Er sieht, was du heute alles erlebst. Nichts ist vor Gott verborgen. Das ist wunderschön!

Darum ermutige ich dich heute, ganz entspannt Freude zu tanken und dein Leben zu lieben, denn Gottes liebevolle Augen ruhen ständig auf dir. Gott kann dich gar nicht aus seinen Augen lassen, weil er dich über alles liebt.

Ein Haus mit blauen Balken

Vor zwei Jahren waren wir als Familie auf der Suche nach einer neuen Wohnung. Wir beteten intensiv um eine neue und vor allem optimale Wohnmöglichkeit. Eines Tages betete ich auch mit Freundinnen für dieses Anliegen. Während dieser Gebetszeit sah eine von ihnen vor ihrem inneren geistlichen Auge ein Fachwerkhaus mit blauen Balken. Nach dem Gebet meinte sie, vielleicht habe Gott für uns ein Haus mit blauen Balken vorbereitet. So fing ich in den folgenden Tagen an, mit Gott über dieses Haus zu sprechen. Ich fragte meinen Vater im Himmel, wo denn dieses Haus stand, und suchte mit dem Fahrrad unsere Umgebung nach blauen Häusern ab, konnte aber kein Haus mit blauen Balken finden.

Durch verschiedene Umstände bekamen wir beinahe zwei Jahre später ein Angebot von einer Wohnung, die weit entfernt von unserem damaligen Wohnort lag. Ich war mir wirklich unsicher, ob dieser Wohnort für uns gut sein würde. Die Kinder müssten die Schule wechseln und der Umzug wäre mit sehr viel Aufwand verbunden. Mein Mann und ich beschlossen, uns diese Wohnung trotzdem anzuschauen. Als wir nach längerer Fahrt bei diesem Haus ankamen, stellte ich überrascht fest, dass es sich um ein Fachwerkhaus handelte. Wir besichtigten die Wohnung und waren begeistert! Dann saßen wir mit dem Vermieter am Esstisch und plauderten über einen möglichen Mietvertrag. Ich spürte in mir eine große Unsicherheit. Während dieses Gesprächs redete ich innerlich ständig mit Gott und fragte ihn, was er denn darüber denke. Die Entscheidung war für mich zu groß und ich wusste wirklich nicht, ob es der richtige Weg wäre. Der Vermieter gab uns noch einige Tage Bedenkzeit und wir verabschiedeten uns – als ein großes Wunder geschah: Ich stand vom Tisch auf und wollte gerade durch den Flur zur Haustür gehen. In diesem Moment sah ich im Flur Sichtbalken, die mir vorher gar nicht aufgefallen waren. Man stelle sich vor: Diese Balken waren alle mit einem wunderschönen Blau bemalt! Wie angewurzelt stand ich da und dachte: »Das gibt es nicht! Wer hat schon *blaue* Balken?« In diesem Moment wusste ich ganz klar: Hier war unser neuer Platz! Ich fühlte mich so geliebt von Gott! Das war Gottes Händedruck, mit dem er unser neues Zuhause bestätigte. Eine schwere Last fiel mir vom Herzen und stattdessen breiteten sich große Freude und Gewissheit aus.

Gott weiß, was wir brauchen, und er kümmert sich täglich um uns, um unsere großen und um unsere kleinen Fragen. Deshalb können wir uns freuen und auch bei großen Entscheidungen unsere Freude und Zuversicht behalten.

DAN SCHMID
DU BIST DIE ZUKUNFT
WERDE, WER DU BIST
7

Weitere Bücher von Karin Schmid
können direkt bestellt werden bei:
www.gracetoday.de